Graça Ramos

A IMAGEM NOS LIVROS INFANTIS
Caminhos para ler o texto visual

2ª reimpressão

Série Conversas com o Professor

autêntica

EDITORAS RESPONSÁVEIS
Rejane Dias
Cecília Martins

COORDENADORA DA SÉRIE
CONVERSAS COM O PROFESSOR
Sonia Junqueira

PROJETO GRÁFICO DE CAPA
Cristiane Costa

PROJETO GRÁFICO DE MIOLO
Diogo Droschi

REVISÃO
Maria do Rosário Alves Pereira

DIAGRAMAÇÃO
Conrado Esteves

Dados Internacionais de Catalogação na Publicação (CIP)
(Câmara Brasileira do Livro, SP, Brasil)

Ramos, Graça

A imagem nos livros infantis : caminhos para ler o texto visual / Graça Ramos. -- 1 ed.; 2. reimp. -- Belo Horizonte : Autêntica, 2020. -- (Conversas com o Professor ; 2)

ISBN 978-85-7526-534-5

1. Comunicação visual 2. Imagem 3. Leitura visual 4. Livros infantis ilustrados 5. Texto I. Título. II. Série.

11-03757 CDD-741.642

Índices para catálogo sistemático:
1. Leitura visual das imagens nas histórias dos livros infantis ilustrados

GRUPO **AUTÊNTICA**

Belo Horizonte
Rua Carlos Turner, 420
Silveira . 31140-520
Belo Horizonte . MG
Tel.: (55 31) 3465 4500

São Paulo
Av. Paulista, 2.073 . Conjunto Nacional
Horsa I . 23º andar . Conj. 2310-2312
Cerqueira César . 01311-940 . São Paulo . SP
Tel.: (55 11) 3034 4468

www.grupoautentica.com.br

Para Ligia, que soube ser professora.

Prefácio

Com olhos bem abertos

Gê Orthof[1]

O livro infantil apresenta-se como um dos poucos espaços na produção editorial onde a imagem se fez preservada. Tendo as crianças, principalmente as mais novas, como público-alvo, em pleno momento de descobertas e construção de valores éticos, estéticos e culturais, percebemos, de imediato, a zona de risco e a responsabilidade em que esse segmento opera. Em *A imagem nos livros infantis – caminhos para ler o texto visual*, Graça Ramos sinaliza para a compreensão do livro como um precioso território de interdependência entre a escrita e a imagem, produzindo, em última análise, uma categoria única e amalgamada: o texto visual.

De forma criteriosa e repleta de provocações, a autora nos auxilia na intrincada tarefa de compreender o sinuoso percurso no desenvolvimento das imagens na(s) história(s) do livro ilustrado. Suas observações nos alavancam sempre para questionamentos futuros. Talvez sua principal qualidade seja a de apresentar um panorama investigativo crítico único, bem distante do tradicional pastiche de caráter puramente formalista e/ou catalográfico do politicamente correto, em que tudo parece conviver de forma harmônica e artificialmente anestesiada em um mundo aparentemente sem conflitos.

A imagem nos livros infantis – caminhos para ler o texto visual é obra definitivamente inquieta, possível cartografia sobre a delicada relação

[1] Gê Orthof é artista plástico, ilustrador e professor no Departamento de Artes Visuais do Instituto de Artes da Universidade de Brasília. Formado pela ESDI no Rio de Janeiro, é doutor em Artes pela Columbia University de Nova York e pós-doutor pela School of the Museum of Fine Arts de Boston, Estados Unidos.

entre o texto e a imagem no livro destinado às crianças. Com uma mirada aberta sobre temas essenciais, para além das tradicionais considerações didáticas, formalistas e/ou técnicas e embasada por sua experiência de jornalista investigativa, autora de livros para crianças, e historiadora da arte, Graça Ramos estabelece de imediato conversa estimulante e generosa sobre as principais categorias do livro ilustrado infantil. Ao avançar com a leitura, encontramos uma Sherazade inspirada, que também se revela escutadora cuidadosa ao apresentar informações diretas, fruto de conversas e entrevistas, que acrescentam vigor e ineditismo ao livro.

Os capítulos são variados e curiosos: "Início da coleção" localiza a origem de seu interesse pelo assunto, certamente uma origem exótica para quem espera um lugar dentro dos eixos tradicionais da história editorial no Brasil. Seu relato afetuoso, divertido e povoado de imagens localiza um início "excêntrico" e fora do eixo entre duas paisagens tão distintas quanto a sua infância entre a Parnaíba natal no litoral do Piauí e a tingida de livros e poeira vermelha do Planalto Central da recém-inaugurada Brasília. Paisagens em aberto, como as primeiras imagens de um livro recém-descoberto: uma para o mar e outra para o céu. Janela mais bela não poderia haver.

"Olhar livros como paisagens" nos questiona sobre nossa nem sempre fácil aprendizagem imagética, certamente muito menos desenvolvida curricularmente do que seu contraponto textual.

"Quando o passado interessa" apresenta trilhas que elucidam a própria história do livro ilustrado no mundo e principalmente os pioneiros do gênero no Brasil.

"Um diálogo entre diferentes" é análise sofisticada e cuidadosa na delicada relação entre texto e imagem. Como enfrentar a leitura potencializada, fruto da união entre a escrita e a imagem, diante do aparente paradoxo entre o desejo pela construção da experiência plena do livro como um todo e a manutenção das singularidades de cada linguagem?

"A dança dos livros visuais" apresenta belos exemplos de sucesso na união entre linguagens, que assinalam todo o potencial do livro-imagem. São exemplos de autonomia plena da imagem enquanto recurso singular e vigoroso em contar histórias. Jogo de pura inversão, aqui, o livro apresenta as imagens para que o leitor, no caso, vedor, imagine o texto.

"O futuro já começou" e o desafio com a complexidade na leitura das imagens só aumenta com as novas tecnologias mediáticas. Os livros de agora são brinquedos, muitas vezes sonoros, são games, são eletrônicos, interativos, e podem ser compartilhados pela rede. Desafios bem diferentes da leitura intimista povoada de silêncios do passado. O livro agora fala, canta, se movimenta em uma realidade cada vez mais expandida e controversa.

Por último, encontramos um precioso "guia" em "Anotações para a leitura visual", onde a autora analisa alguns títulos que exemplificam suas principais inquietações, essenciais na escolha de um livro para crianças.

Graça Ramos traz, com suas observações apaixonadas e desafiadoras, importante contribuição para a série Conversas com o Professor. Seu livro é auxílio valioso na construção de um pensamento crítico sobre a produção contemporânea de livros para as crianças.

Início da coleção

Os livros de nossa infância, com suas páginas resplandecentes de luzes e sombras, decidiram, quiçá, acima de qualquer outra coisa, a natureza de nossos sonhos.
André Breton, *Point de Jour*

Quando, ainda pequena, fui apresentada às *Reinações de Narizinho*, obra criada por Monteiro Lobato (1882-1948), foi imenso o poder daquelas poucas imagens em preto e branco, das quais não recordo o nome do ilustrador. Elas suscitaram o desejo por novos desenhos e a vontade de criar outra história. Lembro-me de que as ilustrações, que terminei por colorir com lápis vermelho e amarelo, emocionavam mais que o texto, e mentalmente ia desenhando minhas versões do narrado.

À proporção que lia ou relia as histórias, surgiam novas personagens criadas por ele e também pela minha imaginação. Quando descobri que Dona Benta era "sobrinha do famoso Cônego Agapito Encerrabodes de Oliveira" (Lobato, 1992, p. 75), tomei um susto. Primeiro, por não saber que cônego era um padre. Depois, por nunca ter visto um nome tão esquisito. Na ausência de ilustrações que retratassem esse tio, dei corpo a uma pessoa na forma do sobrenome Encerrabodes. Nome estranho, mas que soava muito familiar e divertido. Era lembrar dele e começar a visualizar e a desenhar na cabeça algo que o representasse. Uma espécie de delírio imaginativo, uma narrativa visual muito particular.

Havia sido criada vendo bodes, animal comum à paisagem piauiense, região onde nasci e vivi até os sete anos. Tornou-se fácil criar um misto

entre o animal e a então moderna enceradeira da casa, equipamento adquirido com a mudança de minha família para Brasília, a capital planejada onde tudo era novo em termos urbanos, arquitetônicos, de ensino e, também, de eletrodomésticos – na viagem, as coisas que nos acompanharam resumiram-se a roupas, livros, uma eletrola e discos. Do choque entre linguagens visuais tão distintas, o ser imaginário se fez de recursos conhecidos e se transformou em figura lúdica.

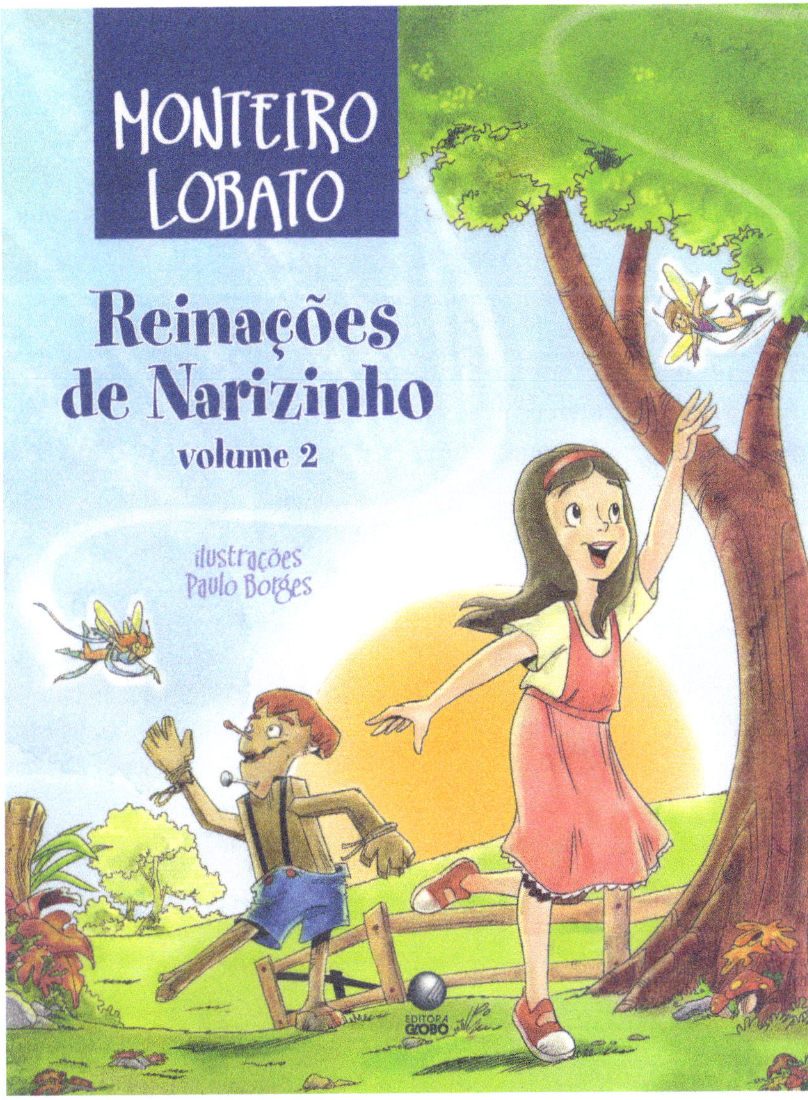

Foram muitos os seres criados na minha mente a partir da obra de Lobato, quase uma série. Aquele era o tesouro acionado mentalmente quando eu ia para detrás do sofá da casa. Acompanhada por um prato de rapadura, usando óculos de grau e de aro de tartaruga, me entregava aos poucos livros que tinha ou àqueles pedidos por empréstimo na biblioteca da escola pública. Terminei por inventar tão imaginoso retrato da boneca de pano maluquinha descrita por Lobato, que, anos mais tarde, criei outra Emília, junto com o artista plástico Galeno, também nascido no Piauí. É a garota inapetente que protagoniza o livro *Casa do sabor* (2011). Com as ilustrações em formato de casa e a porta em forma de fechadura, narra as aventuras da menina que, com a ajuda de um beija-flor, descobre o prazer de comer.

Muitos outros leitores devem guardar pelo resto de suas vidas lembranças das primeiras imagens folheadas. Elas podem ter tido um impacto grande sobre suas formas de lidar com as alegrias e também com os medos e anseios que a infância sempre traz. Isso porque, nessa época da vida em que muitos temores e variadas inseguranças nos acometem, e nem sempre as palavras dão conta de expressá-los, um livro ilustrado poderá contribuir para tornar menos doloroso o enfrentamento de tais desafios. Ou para liberar a fantasia e deixá-la criar suas narrativas visuais.

Tudo porque, como ensina Jacques Aumont, a produção das imagens está vinculada ao domínio do simbólico, o que as torna mediadoras entre o espectador, no nosso caso o leitor, e aquilo que chamamos de realidade: "a imagem se define como um objeto produzido pela mão do homem, em um determinado dispositivo, e sempre para transmitir a seu espectador, sob forma simbolizada, um discurso sobre o mundo real" (1993, p. 260). A arte da ilustração, por ser feita de imagens, fundamenta-se na criação de representações que substituem seres, coisas, sentimentos ou ações.

Avalio hoje que a composição do bode em forma de enceradeira dizia muito do impacto que minhas heranças agrárias nordestinas sentiram com a mudança para uma capital onde o discurso da técnica era muito forte. Vivi um choque de paisagens. Saí do Delta do Parnaíba, um mundo exuberante em termos naturais, no qual água, areia e árvores tecem cenários de poesia, para aportar em um mundo inventado, que remetia a uma ideia de progresso e menosprezava a natureza. Elaborei esse conflito, em parte, construindo aquele híbrido imaginário, condensado entre o animal e a tecnologia, estimulada que fora pelas ilustrações presentes na obra de Lobato.

Todos necessitamos da simbolização do real para nos desenvolvermos, e o mundo da infância está repleto de signos e símbolos que sustentam a existência adulta, daí a importância que os livros ilustrados adquirem ao mostrar como esses símbolos podem ser representados. Teórico da semiótica, disciplina que estuda os fenômenos culturais a partir de signos e busca integrar redes de significação, sendo muito utilizada quando desejamos pensar a questão das imagens, Umberto Eco também se rendeu a imagens da infância quando decidiu escrever *A misteriosa chama da Rainha Loana.*

Nesse romance ilustrado, dirigido ao público adulto, o escritor usou vários registros claramente retirados das imagens que o fundaram. Já na capa, o título nobiliárquico de Loana sugere o investimento de ordem afetiva. No interior da obra, as recordações de um senhor de meia-idade, chamado Yambo, são entremeadas pela publicação de imagens (figurinhas, histórias em quadrinhos, livros infantis, cartões e cartazes), resgatadas da infância passada sob o fascismo.

Ao se deparar com edições antigas de livros que lia quando criança, escritas em italiano e em francês, Yambo emociona-se com *O capitão Satanás* ou *Les ravageurs de la mer*, e suas recordações remontam às imagens impressas nas páginas, tão grande foi o efeito que tiveram sobre ele. Em nenhum momento, o narrador-personagem refere-se ao texto construído com as palavras. A simbolização da maldade lhe vem por meio da lembrança das ilustrações do livro:

> Mesmas gravuras, sabe-se lá em que versão eu li. Sabia que a certa altura deviam acontecer duas cenas terríveis, primeiro o cruel Nadod que, com um único golpe de acha, fende a cabeça do bom Harald e mata seu filho Olaus, depois no final o justiceiro Guttor que agarra a cabeça de Nadod, põe-se a apertá-la gradualmente com as mãos poderosas, até que o cérebro do miserável espirra até o teto. Nessa ilustração os olhos da vítima e do algoz quase saltam das órbitas (Eco, 2005, p. 118).

Conclui a recordação com a reprodução da ilustração, em preto e branco, muito provavelmente originária de uma xilogravura, retrato da cruel atitude do vilão, segurando a acha, uma arma em forma de pequeno machado. Se eu tivesse lido o mesmo livro na infância, teria simbolizado por muito tempo o biótipo de assassinos cruéis com aqueles olhos enlouquecidos. A imagem de Nadod faz-se apavorante ainda hoje, mesmo para leitores adultos, tal é o grau de detalhes obtidos nas ilustrações de H. Clérice para o livro de L. Jacolliot, *Les ravageurs de la mer*, lançado em Paris pela Librairie Illustrée.

E você, se recorda de como se iniciou sua relação com a imagem? Lembra-se de qual foi o primeiro livro ilustrado que lhe caiu sob os olhos? Sabe dizer qual livro com imagens visto na infância permanece em seu imaginário de adulto? No meu caso, das imagens que vi na infância, as que ainda hoje encantam são as assinadas por Gustave Doré (1832-1883) para *Chapeuzinho Vermelho*.

Se o texto do conto de fadas traz inclusive ensinamento moral ao final da história, sendo relato sobre a quebra da confiança e o perigo de entabular conversa com desconhecidos, as ilustrações de Doré denunciam, por alegoria, todo o universo de desejo do lobo pela garotinha. É sobre esse descontrole bestial que fala o livro. Por isso, não aprecio versões ditas politicamente corretas que transformam a história em algo pacificador, com ilustrações em que a imagem do lobo não denuncia a fome que sente.

As ilustrações de Doré para *Chapeuzinho Vermelho* são poucas. Resultam em uma quase descrição daquilo que está narrado. Elas caíram em domínio público e podem ser acessadas pelo computador em sites de busca como o Google. Basta inserir o nome do ilustrador e a frase: "Ela surpreendeu-se com a aparência da vovozinha". Assim, você confere a intensidade do olhar do lobo, que via a garotinha como um banquete delicado para os seus dentes afiados.

Boa parte da obra do artista foi realizada em xilogravuras, a mais antiga técnica de gravura, obtida a partir de desenho realizado em uma prancha de madeira, ferida em sulcos que projetam a imagem em relevo, depois embebida em tinta e reproduzida no papel. As imagens criadas por ele tendiam ao grotesco e ao fantástico, mas, em *Chapeuzinho Vermelho*, exibem um artista de expressão mais realista, entendida como representação o mais próxima possível do mundo real.

A caixa de rapé e os óculos da avó caindo da cama e o gato se escondendo embaixo dos lençóis transmitem, por elipse, o momento máximo de violência. Elipse, porque a cena da morte está ausente, mas é facilmente compreendida pelo leitor da imagem por causa do contexto criado pelo artista a partir desses objetos e da postura do lobo. O malvado encontra-se em pé, avançando em direção à avó, que permanece deitada. Ele está pronto para dar o bote. Quando vemos as ilustrações, lemos a história nos desenhos de Doré, e essa leitura abre um amplo espaço para o enriquecimento do imaginário.

Considerado um dos mais importantes divulgadores do livro ilustrado em grande formato, Doré, na história do lobo mau, ateve-se à precisão das formas, à figuração expressiva. Conseguiu criar um universo dramaticamente poético em que o lobo confunde-se com ações inerentes ao humano sem precisar recorrer às estratégias de criar um ser visualmente híbrido entre o humano e o animal. Ele apenas anda sobre dois pés, como se homem fosse, mas mantém a fisionomia natural de sua espécie.

Outra percepção teve o psicanalista Bruno Bettelheim, que também se encantou com as ilustrações de Doré. Ele considerou que a cena em que o lobo e a menina compartilham a cama mostra o animal com a aparência plácida, não destacou seu olhar de desejo. Algo mais forte se passaria com Chapeuzinho. Segundo ele, ela parece "assolada por sentimentos ambivalentes poderosos" (1979, p. 212). De acordo com essa interpretação, o ilustrador conseguiu fazer com que a combinação entre os sentimentos do rosto e do corpo da garota transmitissem uma sensação de fascinação, em que ela permanece intrigada, sentindo-se dividida entre a atração e a repulsa.

As diferentes leituras sobre o trabalho de Doré mostram que uma imagem pode receber variadas interpretações, desde que, assim como os próprios contos de fadas, não chegue ao extremo de detalhar tudo, não seja explícita demais. A atribuição de completar a imagem pertence àquele que a vê e sabe lê-la, de acordo com seu grau de maturidade, suas fantasias e vivências. Essa liberdade na forma de perceber a ilustração também ocorre em relação ao ilustrador. Cada artista que desenha a história da garota da capa vermelha a compõe de uma maneira particular, em conformidade com sua imaginação.

Das versões contemporâneas que conheço da história, há uma cujas imagens são ricas de significados. É a recontada pelo músico João de Barro, o popular Braguinha, e ilustrada por Claudia Scatamacchia (1995). Se tiver a sorte de colocar os olhos em algum exemplar, observe o movimento do livro. Os desenhos acompanham o ritmo sincopado da história, que tem melodia muito marcada por ter sido feita por um músico. As imagens dialogam com o texto, se esparramam pelas páginas e jogam com contrastes.

De acordo com a versão original da história, a encantadora menina se veste de vermelho, cor quente, associada à expressão de desejos intensos. A cor da capa contamina, inclusive, sua larga calça comprida – ela é moderna, pode vestir-se assim. Já a astúcia do lobo esconde-se sob matizes de azul bem claro, cor suave, atribuída geralmente a bebês de sexo masculino, portanto, vinculada a um mundo de ingenuidade. As roupas falam de sentimentos ambivalentes, compõem uma atmosfera de contrastes e, no caso do lobo, lhe dão um falso ar de humano inocente.

Veja como a ilustradora soube criar uma Chapeuzinho a partir da capa, pois a roupa tem as formas mais amplas que já vi em livros que recontam a história. Ela ocupa uma escala importante dentro das páginas. É desproporcional a todos os outros elementos, impactando o leitor. A roupa torna-se uma personagem ao se sobrepor às formas orgânicas, quase caracoladas, das árvores, que lembram conchas e se revestem de uma coloração que não sabemos se é dourado-esverdeada ou verde-amarelada.

As cores escolhidas para a floresta fogem, assim, do verde tradicional. Como se a representação da natureza estivesse a indicar uma mudança de estação ou o amadurecimento das folhas, o que remete a interpretações de que o conto refere-se à passagem de Chapeuzinho da vida infantil à adolescência, com a capa vermelha simbolizando a transformação típica da puberdade, a passagem da condição de menina para a de moça.

O mais inesperado é que o lobo mau de Scatamacchia apresenta um perfil tão sedutor que chega a ser divertido vê-lo em seu sonho de saborear a neta e a avó. Quando aparece na página em que diz "e fico esperando a neta para comer de sobremesa", sua expressão tem o ar disfarçado da maledicência. Ao bater na porta da casa da vovozinha, seus pelos se eriçam, tão excitado está com a possibilidade de cometer maldades. No momento em que imagina as delícias que terá para o almoço, dança, com uma leveza impressionante. E sua camiseta regata deixa ainda mais expostas as unhas muito afiadas.

Nem todas as crianças perceberão tais sutilezas de caracterização, mas as ilustrações do lobo, aparentemente tão simpático, trazem muitas informações que mostram seu caráter verdadeiro, suas diferentes e perigosas facetas. Já as imagens da menina são pouco ambivalentes, seu perfil se apresenta menos contraditório, exibindo-a carinhosa, assustada, preocupada, com medo e, enfim, feliz por ter se livrado do lobo mau.

Se as ilustrações de Doré em *Chapeuzinho Vermelho* até hoje me surpreendem e me levam a compará-lo com novas versões, o primeiro livro com ilustrações de que me recordo foi *O Patinho Feio*, de Hans Christian Andersen (1805-1875), em uma edição bastante manuseada naqueles meados da década de 1960. Somente adulta descobri que as ilustrações, aquarelas, eram de Franz Richter, pintor tcheco radicado em São Paulo.

Aquele era o livro mágico que existia na casa de meu padrinho, Cristino Melo, artista plástico autodidata, santeiro iluminado, homem que desenhava, pintava e esculpia com as duas mãos, sabia contar histórias como ninguém e me fez gostar de arte. Pequenina, a maior alegria era visitar seu ateliê, instalado nos fundos da loja de brinquedos que o sustentava, localizada na Praça da Graça, em Parnaíba (PI), onde se vendia de cristais a imagens religiosas, passando por velas, objetos de prata e roupas para recém-nascidos.

Ser a única criança autorizada a entrar naquele espaço – o do ateliê e o da loja –, sob a vigilância atenta de minha mãe para que nada fosse quebrado, era exercício de observação. Ao abrir a portinhola que separava o ateliê da casa e da loja, com os dedos ansiosos para tocar em tudo, mas interditados, eram os olhos que buscavam dar conta daquele reino, como se desejassem guardar fotografias daquele instante. Creio que comecei ali a concentrar minha atenção sobre obras e objetos de arte, o que me levaria muito tempo depois a estudar história da arte.

Em *O Patinho Feio,* o maior atrativo eram as cenas coloridas – havia também imagens em preto e branco –, que eu acreditei desde sempre serem pinturas, daquele pobre bichinho desgarrado de sua família, convivendo com outra, de espécie distinta. Elas, as imagens, que por muitos anos foram chamadas de figuras, tornavam a história ainda mais encorpada, fornecendo novos elementos – o tamanho, o tipo físico, a forma do bico e das penas – a essa então pequena ouvinte.

Ao conhecer o *fac-símile* da edição do livro, datado de 1990, soube que o artista realizou 20 ilustrações, reproduzidas em clichês, gravação em placas de metal, enviadas para a impressão que ainda era tipográfica. Hoje em dia, a indústria gráfica recorre a outros processos, como o digital, que aumenta a qualidade da reprodução de imagens. Das ilustrações, apenas seis receberam cor. Com exceção da imagem inicial, em

BIBLIOTHECA INFANTIL
· PROF. ARNALDO DE OLIVEIRA BARRETO ·
O PATINHO FEIO
HANS ANDERSEN
LIVRO I
EDITORES-PROPRIETARIOS
WEISZFLOG IRMÃOS
S. PAULO E RIO
1915
PREÇO 1$200

que uma garça se aproxima das águas azuis de um lago, predominam os tons e semitons entre o marrom e o cobre em todos os cenários, sobre os quais se destaca a penugem branca do pato.

Ainda hoje, quando mentalizo a história, são os delicados traços de Richter que povoam as minhas recordações. Eles ocupam espaço tão importante que me fazem procurar, em ilustradores contemporâneos, a mesma dignidade no sofrimento do patinho na cena em que também aparecem os grosseiros gansos selvagens. Pode ser que o impacto delas tenha relação com o fato de viver, na época, em um local em que patos eram presença assídua nas casas, e cisnes, um tipo de animal ainda desconhecido.

Fiquei tão fascinada pelo novo animal que, mesmo adulta, gosto de ler sobre suas características. Você sabia, por exemplo, que cisnes nunca se encharcam? Porque impermeabilizam suas penas com líquido fabricado pelo próprio corpo. Li isso recentemente no livro infantil *Cisnes e gansos* (s.d.), que busca estabelecer a diferença entre os dois animais retratados na obra de Hans Andersen. Oposto ao livro fabuloso de minha infância, o volume pouca margem dá para a imaginação, sendo uma espécie de manual para entender as diferenças entre as duas aves.

Há quem goste desse tipo de literatura, chamada de paradidática, mas não trataremos dela nestas páginas. Existem, é claro, livros desse segmento cujas ilustrações apresentam tratamento de rara beleza, como *Dez patinhos*, de Graça Lima (2010), que ensina crianças a fazer contas. Mas a intenção aqui é dedicada a livros cujas ilustrações compõem obras de ficção, criando metáforas que propiciam diferentes leituras e estimulam a fantasia.

No caso do livro com as ilustrações de Richter, as imagens tanto provocaram reconhecimento como estranhamento, efeitos que obras de arte podem gerar em quem as usufrui. E, no caso da relação das crianças com as ilustrações dos livros, as imagens se tornam de fundamental importância para a adesão delas à história narrada. A criança gosta do jogo entre a segurança do conhecimento e a surpresa do inusitado que os desenhos costumam provocar. Histórias narradas apenas com as palavras tendem a cansá-las, porque necessitam fazer um esforço extra, que é o de tentar visualizar todas as situações.

tão separados... é muito desgracioso!... Um patinho bem educado deve afastar os pés com certo cuidado! Vejam como eu faço: olhem... assim... aprenderam? Depois, inclinem a cabeça de leve, e digam: *rap!*

Os petizes obedeceram e saíram-se bem da prova.

Os velhos patos, que os cercavam, a examina-los curiosamente, não puderam conter o seu egoismo.

14

— Ora, não faltava mais nada! exclamaram; patos e mais patos! como si já não fossemos bastantes! E aquelle ali? Aquillo será tambem um pato? Não, esse cá não fica!

E, logo, um pato veterano, que não sympathisára com a feia cara do patinho cinzento, se atirou sobre elle ás bicadas.

O pobrezito teve tremuras nas pernas, e agachou-se todo medroso, perto da mãe.

15

Naquele *O Patinho Feio*, as páginas com ilustrações davam um descanso para o texto e, sem elas, talvez a complexidade do drama sofrido pelo pato-cisne não tivesse tido o mesmo impacto e a mesma consistência que ainda continuam a alimentar o meu imaginário. E, como a história é atemporal, talvez ocorra o mesmo com muitas outras crianças ao verem outras ilustrações do bicho, como a de Eliardo França, publicada em 1990, com a história recontada por Mary França.

Trata-se de versão que tende para o virtuosismo plástico de uma estética bastante influenciada pelo ideal da perfeição, provável influência das versões cinematográficas produzidas pelos filmes de Walt Disney, que ainda impactam o imaginário de muitos ilustradores e leitores. Assim, como todas as outras expressões artísticas, a ilustração sofre influências da tradição e também é contaminada pelo momento histórico em que é realizada. A existência dos filmes dos estúdios Disney provocou muitas mudanças na forma de produzir e olhar livros infantis, e, durante um período, os autores passaram a tentar se aproximar desse estilo.

Crianças de hoje poderão ainda explorar sensações tácteis ao sentir a maciez da plumagem do pato saindo de um buraco e o suave volume de algumas plantas na edição de *O Patinho Feio* preparada por Dan Kerleroux (2010). Quando o leitor manipula uma das páginas que se encontra dobrada, ela tenta sair do espaço bidimensional para saltar rumo ao tridimensional, no efeito chamado de *pop-up*, recurso que não é novo, mas vem sendo muito usado na produção de livros infantis como forma de atrair as crianças mais jovens. No caso, a intenção é cativar o leitor que gosta de manipular, tocar objetos, referência a crianças muito pequenas em que o uso da linguagem corporal ainda é o mais enfatizado.

Ao passar os olhos e, agora, os dedos pelas ilustrações desses livros, crianças podem concretizar o que está sendo lido, talvez consigam lidar mais facilmente com questões difíceis que versam sobre separação, preconceito, acolhimento e diversidade – tema central de Andersen ao fabular a vida do pato. Também podem simplesmente gostar de ver a beleza de algumas das imagens. Sempre que reencontro o patinho de Franz Richter em alguma biblioteca, sou levada a pensar sobre padrões e convenções a respeito do belo, a ver além do que está figurado, e isso se deve à capacidade expressiva do artista, e não ao uso de muitos recursos técnicos.

Nesse exercício de ampliação do imaginário, não importará tanto as técnicas por trás das ilustrações, pois elas tanto podem ser feitas a partir de uma aquarela (quando a tinta é dissolvida em água) como serem produzidas com a ajuda de mídias diversas (por exemplo: colagens ou fotografias escaneadas e retrabalhadas em programa de computador como o *Photoshop*). O fundamental é que a ilustração cause deslocamento, provoque no leitor emoção e o faça imaginar e refletir a partir do que está narrado pelo ilustrador.

O fato de ser contemporânea não impede que a ilustração em um livro infantil recorra e dê força ao tradicional desenho em preto e branco. É o caso da escolha de Virgílio Neves ao compor as imagens para *Era outra vez um gato xadrez* (2008), livro com texto de Letícia Wierzchowski. Há um jogo visual bastante elaborado nos desenhos que contam a história do gato xadrez que queria mudar de cor.

À primeira vista, quem olha pensa que são rabiscos feitos por alguém que estava displicente diante de uma folha de papel em branco, fazia garranchos com tinta preta e, a partir deles, construía desenhos. A sensação de algo casual se amplia diante da frase inicial do ilustrador, inserida à moda de epígrafe nas primeiras páginas, que diz: "os desenhos são as letras disfarçadas".

A impressão de que se trata de um trabalho pouco elaborado é pura embromação. Ao definir bem os traços e demarcar cheios e vazios, o ilustrador cuidou para que, em cada desenho, ficasse claro o domínio da técnica, ainda que disfarçado sob a aparência de um traçado rápido. Instaladas em todas as páginas ímpares e sob fundo branco, as ilustrações estão emolduradas em um retângulo, e na borda da página aparecem marcas em xadrez, como se fossem as bordas de um tabuleiro pintado em branco e preto. No interior do retângulo, o gato se faz presente em quase todas as páginas. Descobrir a única em que ele se ausenta se torna um jogo, na medida em que assume diferentes formatos, facetas, e circula em um movimento impressionante ao redor do limite imposto pela figura geométrica.

O mundo da ilustração, com os avanços tecnológicos da informática e a sofisticação gráfica dos tempos atuais, usa uma grande gama de recursos. Mas, acredito, o desenho continua sendo base fundamental

para a construção de imagens capazes de construir bons livros infantis, de contar visualmente uma boa história. Por isso, tantos livros ilustrados no passado permanecem atuais. Seus autores conseguiram criar composições que deixaram marcas, sendo muitas vezes difícil romper com esse imaginário visual.

É bom relembrar que *O Patinho Feio* de Richter significou um marco na publicação de livros no Brasil. Quando foi lançado em 1915, nossa tradição visual ainda estava centrada no branco e preto, e ele se beneficiou da policromia, isto é, da técnica que usa mais de três cores, tendo sido feito com quatro tintas diferentes. A partir dele, muitos fatores possibilitaram o fortalecimento da presença da imagem nos livros destinados à infância no Brasil. Destacam-se entre eles: o aumento da escolarização, o aperfeiçoamento das técnicas gráficas, as mudanças sociais que valorizaram o papel da infância, com o incentivo ao desenvolvimento de produtos voltados para os pequeninos. E, talvez o mais importante, o surgimento de estudos que demonstram a importância das ilustrações no fomento à formação de novos leitores. Ao estimular a fantasia, as imagens se transformam em elemento fundamental para a fruição da leitura e contribuem para o processo de alfabetização.

Desde *O Patinho Feio*, as ilustrações e os livros destinados à infância no Brasil passaram também por inúmeras transformações. O objeto livro adaptou-se ao tempo. Agregou técnicas e discursos variados. Tornou-se algo sofisticado, com o uso de facas que fazem cortes especiais nas páginas e podem moldá-las como se fossem casas, bichos ou outra forma, o que pode encarecer uma edição, mas também deixá-la mais sedutora.

Há um consenso de que, a partir dos anos 1970, ocorreram grandes mudanças que tornaram o livro infantil ainda mais atrativo para o leitor brasileiro. Aos nove anos, fui conquistada, de maneira imediata e duradoura, pela obra que marca essa reviravolta. Logo após a Copa do Mundo de Futebol de 1970, ocorreu um encontro que se tornou mais importante do que o invejado álbum de figurinhas com retratos dos tricampeões, que pertencia a meu irmão. Fui apresentada a *Flicts* (1969), de Ziraldo (1932-), livro que conta a vida de uma cor inexistente, aquela que:

> Não tinha a força do Vermelho
> Não tinha a imensidão do Amarelo
> Nem a paz que tem o Azul
> Era apenas o frágil e feio e aflito Flicts.

Flicts foi fundamental para despertar a minha curiosidade a respeito das cores. Relê-lo tantas vezes, quase a ponto de saber de cor as páginas mais divertidas, instigou o apego à linguagem plástica, pois passei a buscar em outros livros composições cromáticas inesperadas. Reeditado

(Ziraldo, 2009), em comemoração aos 40 anos da primeira edição, senti emoção forte ao folhear com vagar a nova publicação, regressei à reconhecida alegria da infância.

Muitos outros leitores também desfrutaram o mesmo sentimento. O poeta Carlos Drummond de Andrade foi um deles. Chegou a escrever: "Flicts é uma iluminação" (Ziraldo, 2002, contracapa). Segundo ele, o achado do livro é nos fazer ver que "a cor, muito além do fenômeno visual, é estado de ser, é a própria imagem". O encantamento das crianças, dos teóricos da literatura e do poeta com a obra se deve ao fato de que Ziraldo trouxe muitas inovações para a arte de ilustrar livros infantis no Brasil. Conforme Vasques (2008), "essa revolução não se limitou à ilustração, mas à incorporação da ilustração e da forma como textos significativos, indispensáveis ao entendimento da obra".

Se *Flicts* tem o mérito de provocar uma revolução, isso se deve porque nele se ampliaram o espaço e a importância das imagens, criando-se jogos entre as cores e as formas. Ziraldo, que também é o ilustrador, construiu pictoricamente um discurso tão forte quanto o poema que conta a história da cor. Impossível imaginar uma cor inexistente sem compará-la com aquelas que estamos acostumados a ver. Do mesmo modo, uma nova cor somente será criada se for possível misturar outras, o que abre o leque para o surgimento de muitos tons.

Esse jogo de contrastes e complementos está presente na teoria das cores, segundo a qual grupos de cores se atraem, se complementam, ou se chocam, provocando tensão ou fusão. Ao enfatizar nas primeiras páginas as cores denominadas primárias – o vermelho, o azul e o amarelo, que, misturadas, em proporções diferentes, dão origem a todas as outras cores –, o autor terminou por refletir a respeito do próprio ato de ilustrar.

Podemos traçar um paralelo entre a arte da ilustração e *Flicts*, a cor inexistente. Antes a ilustração estava atrelada ao texto, mas era considerada em posição menor. Se formos a uma biblioteca e recuperarmos algum livro infantil brasileiro, anterior aos anos 1970, encontraremos exemplos de livros que mostram páginas e páginas de texto e algumas poucas ilustrações. Elas apenas pontuavam a história narrada. Indício dessa "desimportância" era o fato de, muitas vezes, o ilustrador nem chegar a ser citado no livro.

Com *Flicts* começamos a compreender a imagem como um elemento em relação de diálogo com o texto verbal, tão importante como ele, o que deu também novo *status* ao papel do ilustrador. Antes, a existência de ilustrações em um livro já exigia atenção por parte do leitor, por provocar novas associações e abrir espaços no imaginário. Mas, agora, o conjunto de imagens – as ilustrações e a forma do livro – requer um pensamento visual capaz de absorver da maneira mais ampla possível mensagens que um livro infantil pode conter em suas páginas.

É preciso ressaltar: quando se fala em imagem no caso do livro infantil contemporâneo, ela não se resume apenas às ilustrações. Está relacionada à definição de um projeto gráfico que estabelecerá os tipos de letras a serem usados, o tamanho, o espacejamento e o entrelinhamento delas; definirá ainda o ritmo do texto nas páginas, o que sugerirá o andamento da leitura; pensará a forma de integração entre o texto e as ilustrações; escolherá o tipo de papel que servirá de suporte e os recursos técnicos a serem utilizados na mecânica do livro.

Tudo para que o planejamento visual gráfico torne a mensagem mais legível e mais agradável e transforme o livro em algo que encante e surpreenda. No caso do leitor-criança contemporâneo, esse é um exercício dos mais complexos, pois crianças nascidas a partir do final dos anos 1980 estão cada vez mais mergulhadas na cultura audiovisual, portanto, recebem variados estímulos carregados de imagens. Os livros precisam competir ou fazer frente a tais apelos, e essa tarefa é complexa, daí a necessidade de excelentes escritores, ilustradores e artistas gráficos trabalharem juntos.

Observe que, ao assumir papel de destaque na maioria das publicações dirigidas ao público infantil, a imagem passa a exigir mais atenção dos leitores, em especial, dos professores, por serem os principais intermediários entre um grande número de crianças e os livros. A tendência é que essa importância cresça, diante do fortalecimento do mercado editorial no Brasil que, em 2009, teve o segmento de livros infanto-juvenis como mais produtivo em termos de vendas (Maciel, 2010).

Torna-se, então, cada vez mais importante que aqueles que lidam com livros destinados à infância se aproximem mais do universo das imagens. Ao recordar parte de minhas andanças pelo universo da literatura infantil e discutir ideias de teóricos da arte e da imagem, desejo que possamos compartilhar formas de pensar visualmente muitas histórias, de contar visualmente outras tantas narrativas.

Olhar livros como paisagens

> *O pequeno proprietário de livros possui uma galeria privada com a qual tem uma relação muito especial.*
>
> Walter Herdeg, *Imágenes que cuentan – nueva ilustración de libros infantiles*

Trago à cena a história de outro pato – a exemplo de muitas crianças, sou atraída por histórias centradas em personagens do reino animal. Em *O pato, a morte e a tulipa*, o premiado escritor e ilustrador alemão, Wolf Erlbruch (2009), apresenta narrativa poética sobre a amizade entre os dois primeiros personagens do título. O pato apresenta a vida à morte, mas se rende a ela depois de viverem, juntos, algumas aventuras.

O livro narra o encontro dos personagens e diálogos enxutos dão forma à história que lida com tema tão difícil. A obra requer um olhar apurado, uma forma de aproximação que pede entrega e envolvimento emocional com um assunto que costuma ser pouco discutido, a temível morte. Exigente, o livro cobra atenção para questões internas da ilustração, como o uso das cores, os matizes de tons, a composição dos cenários e as relações de escala entre as personagens e as páginas.

"Logicamente que para ler uma imagem é impossível adotar um método rígido, um sistema, por exemplo, que avalie unicamente as questões estruturais – ritmo, linha, cor, textura, etc.", explica Rui de Oliveira (2008, p. 29), importante ilustrador brasileiro. Para ler as imagens de *O pato, a morte e a tulipa*, como de qualquer obra de arte, o leitor fará esforço de avaliação mais amplo, que passará também pela

Uma neve fina flutuava no ar.
Alguma coisa tinha acontecido. A morte olhava para o pato, que não respirava mais. Estava deitado bem quieto.

própria experiência de cada um com a visualidade, que é a capacidade de produzir novas imagens, e com as maneiras de ver e ter conhecimento do mundo.

Em consonância com o formato do livro, o pato se mostra longilíneo. Seu bico laranja e avantajado torna seu perfil engraçado. Suas cores são pálidas, de um amarelo lavado, acompanhado de discretas riscas azuis e alaranjadas no contorno do corpo. Dona morte é senhora distinta, cuja cabeça tem o desenho de uma caveira. Longe de ser feia, apresenta um sorriso enigmático. À moda da renascentista *Monalisa*, de Leonardo da Vinci (1452-1519), os dentes nunca aparecem. Seus trajes são modernos: *composé* de quadriculados entre o marrom da blusa e o discreto vermelho da saia. Em sua mão, segura delicada tulipa de caule verde e flor roxa, que aparece e desaparece nas páginas conforme a dinâmica do narrado.

Ambos têm dimensões de altura parecidas. O encontro entre eles se dá no inesperado, embora ela sempre o acompanhasse. E eles travam um diálogo que diz muito da vida, mas que inexoravelmente fala da morte. Os ritmos visuais alternam-se em contornos líricos que, a princípio, enfatizam a verticalidade do viver, e se encaminham para a dimensão horizontal. Nesse diálogo em tons pastéis (feito com cores tênues e delicadas), o infinito do céu e das águas colore-se de um azul concentrado, mas também suave. Nessa dimensão sem fim, o pato derradeiramente navega. Inerte, boia para rumo incerto.

Trata-se de um livro "vivo e consistente", recorrendo às palavras de Tschichold (2007, p. 29). Com tão poucos recursos visuais – seu maior atrativo é a aparente simplicidade –, são tantas as informações trazidas pelo livro, as imagens "falam" tantas coisas, que se fez necessário analisá-las. Mas, como alerta Neiva Jr. (1986, p. 35) "o conhecimento de uma imagem implica decifração", e muitos podem ter dificuldade na hora de ler e absorver visualmente a história desse novo pato.

Assim como a obra de Erlbruch, as imagens em muitos outros livros para crianças podem provocar uma necessidade maior de interpretação. Nesse instante, uma crise de leitura pode se estabelecer em muitos leitores, inclusive adultos, que talvez tenham dificuldade para "ler" o que as imagens querem dizer. Antes de ser dramática, a abordagem visual de um tema pode ser uma das mais fascinantes experiências provocadas por um livro infantil, desde que estejamos dispostos a aprender com as próprias imagens.

Olhar é forma de perceber, mas não se trata do gesto maquinal de colocar os olhos em algo rapidamente. Refere-se ao ato de, a partir dos olhos, examinar, avaliar, correlacionar, pensar o que está sendo visto. Aprender a olhar significa sair do gesto primário de captar algo com os olhos, que é uma atividade física, e passar para outro estágio, aquele em que, a partir de muitos exercícios mentais, absorvemos e compreendemos o examinado. Esse debruçar-se sobre o que os olhos captam provocará análises e, o mais produtivo, provavelmente ativará a capacidade de inventar. Olhar, portanto, é uma soma que inclui o físico, o psicológico, a percepção e a criação.

Quando ocorre de não compreendermos uma imagem, de não lhe darmos a devida importância, essa falta pode ser creditada, muitas vezes, a uma lacuna em nossa formação cultural, em especial de leitores e apreciadores de obras de arte. Quando digo nossa, me refiro ao país, ao Brasil com seu sistema de ensino e modos de inserção cultural. Isso se deve, entre outros fatores, ao fato de que a sociedade brasileira não foi preparada e educada para compreender que ver é um ato de conhecimento, como ensinaram os gregos e relembra Gerd Borheim (Novaes, 1988, p. 89). Ser espectador, isto é, aquele que espera observando, exige concentração e repetição, demanda inventar meios para ver cada vez melhor.

Pesquisa do Ministério da Cultura (Manevy, 2010) corrobora para explicitar essa ausência de aprendizado com as imagens, a falha brasileira ao menosprezar o educar para o olhar. Dados indicam que 92% dos brasileiros nunca foram a um museu, e percentual ainda maior (93,4%) jamais frequentou uma exposição de arte, enquanto em 92% dos municípios do país não há cinema, teatro ou museu. Isso significa que não temos a prática de olhar por longos minutos uma obra artística, de apreciá-la, estudando sua composição, relacionando-a com o momento histórico, inventando maneiras de vê-la.

Mesmo o público que frequenta museus no Brasil tem dificuldade em observar e analisar uma obra de arte. Há alguns anos, a curadoria do Museu de Arte de São Paulo (Masp) cronometrou o tempo que as pessoas dedicam a ver um quadro ou escultura: oito segundos. Não há quem discorde de que se trata de um tempo exíguo, rápido demais, inadequado para se conhecer alguma coisa. Muito pouco para que se estabeleça um olhar capaz de enxergar o que a obra pode vir a dizer.

No caso do Masp, as pessoas estavam diante de trabalhos assinados por nomes consagrados da história da arte internacional, como Auguste Rodin (1840-1917), Pierre Auguste Renoir (1841-1919), Edgar Degas (1834-1917), Pablo Picasso (1881-1973), e brasileira, a exemplo de Anita Malfatti (1889-1964) e Di Cavalcanti (1897-1976). Mas passavam, e devem continuar a passar, os olhos por obras ricas de conteúdo sem se dar conta de detalhes, menosprezando a possibilidade de estabelecer conexões entre o que viam e seus sentimentos e suas experiências, o que é uma maneira de estabelecer um diálogo inicial com a arte.

Observo que, de modo geral, essa rapidez no olhar dentro de um museu repete-se de forma rotineira. As pessoas contentam-se em uma rápida passada de olhos, não se preocupam com a percepção dos detalhes, em identificar nuanças cromáticas em uma tela a óleo ou incisões mais agressivas no bronze, para falarmos apenas de duas expressões artísticas tradicionais: a pintura e a escultura. Uma imagem, assim como um texto escrito, pode apresentar várias camadas de leituras, o que requer daquele que a examina um olhar atento e calmo, uma atenção que poderíamos chamar de flutuante, apta a captar além daquilo que é visto em um primeiro momento.

Passar os olhos sobre um determinado cenário, folhear displicentemente as páginas de um livro, não é o mesmo que examiná-lo atentamente. Olhar é sentido sofisticado, e "olhar corretamente significa usar a vista com astúcia e com inocência", conforme palavras de Rouanet (Novaes, 1988, p. 147):

> [...] com astúcia porque sem ela seríamos iludidos, e com inocência para não sermos corrompidos pela miragem de uma visibilidade estéril, sem fins transformadores, e posta unicamente a serviço do prazer de olhar.

Assim como não fomos estimulados a praticar a arte de olhar obras de arte, não fomos acostumados a narrar ou, ação mais simples, a descrever ilustrações inseridas em um livro, na tentativa de compreendê--las. E o mais grave: faltam-nos instrumentos teóricos – nas escolas, arte é disciplina pouco privilegiada – que nos permitam esmiuçar uma imagem, enquanto a degustamos ou rejeitamos com o olhar, seja ela qual for.

Essa dificuldade se dá também com os espaços que nos cercam, que são as imagens produzidas nas cidades ou, mais raramente, as existentes nas áreas rurais. Dificilmente esses cenários são objeto de um olhar mais cuidadoso. Você seria capaz de descrever a sua paisagem cotidiana? Consegue experimentá-la como algo particular? Percebe as mudanças que ocorrem nela e toma conhecimento das intervenções diárias que ocorrem nas ruas e avenidas? E o que dizer das pessoas-personagens que nos cercam? Observar o que se passa ao nosso redor é um bom exercício para treinarmos o olhar.

Hoje, muitos livros destinados à infância estão ambientados em cenários de cidades, outros tantos se utilizam da linguagem da arte urbana do grafite – que é mais sofisticada que a mera pichação. São os artistas buscando dar conta das mudanças por que passam as sociedades e trazendo para os livros a realidade em que seus leitores estão incluídos. Isso faz com que os responsáveis pela intermediação entre a criança e o livro precisem prestar mais atenção às imagens do cotidiano de modo a decodificá-lo.

Uma atenção que se fará necessária para ler uma obra como *Mateus*, livro construído só com imagens pelo ilustrador mineiro Nelson Cruz (2006). Em formato quadrado, feito a partir de uma sucessão de quadros, isto é, de desenhos dentro de uma moldura, a narrativa visual está construída com dois tipos de linguagens. Elas coexistem, dando ritmos diferenciados à narrativa. Em alguns momentos, são cenas coloridas, elaboradas a partir de desenhos em tinta acrílica, que exibem as andanças do menino. Em outras, o artista-ilustrador optou por desenhos em preto e branco, numa solução que lembra muito a arte das histórias em quadrinhos com suas sequências rápidas.

A obra conta a história de um menino que anda de *skate* por uma área de baixa renda de alguma metrópole – o contraste entre riqueza e pobreza se estabelece na página de abertura onde se veem grandes edifícios e casas mais simples. As paredes dos imóveis estão grafitadas; postes de luz, torres de transmissão e um avião com sua nuvem de velocidade indicam o local onde terá início a narrativa que levará Mateus a viver

muitas aventuras. Ele parte para um espaço celeste, compartilhado por máquinas fantásticas que parecem saídas de ferro-velho e um cavalo--voador. As andanças do menino cobrem vasta área de uma cidade de aparência real e, ao mesmo tempo, também imaginária.

A questão da presença cada vez maior do mundo urbano representado nos livros infantis acompanha a própria confecção final de *Mateus*. Em 1997, portanto, nove anos antes da edição comentada acima, o autor publicou uma versão da história (Cruz, 1997) na qual o cenário da cidade em que o menino se encontra tem outro perfil. O *skate*, esse equipamento cada vez mais popular entre a garotada, está ausente.

As formas da cidade, também na abertura do livro, lembram a arquitetura do passado, e as páginas em preto e branco, inspiradas nos quadrinhos, também estão ausentes. O artista revisitou a história e a atualizou de forma a torná-la mais próxima dos leitores contemporâneos.

Além do que é produzido pelo contexto urbano em que vivemos, temos que lidar com toda a produção massiva de imagens produzidas pela televisão, pela publicidade e, desde os anos 1990, pela internet. Imersos nesse excesso de experiências visuais que, na maior parte das vezes, não passam por critérios de análise, "as imagens são consumidas

como produtos das gôndolas dos supermercados" e deixam de significar, tornam-se vazias, no alerta feito por Pignatari (Novaes, 1988, p. 488).

Se existe uma longa prática de interpretação da palavra escrita, ainda nos faz falta percorrer largo caminho para ampliar o trabalho de interpretação de imagens. Ocorre que a habilidade de ler imagens pode ser adquirida, cultivada. Escute o que diz Martin Salisbury (2007, p. 6), ao falar sobre a importância da alfabetização visual: "se alfabetização significa a habilidade de ler, escrever e compreender, resulta razoável que 'alfabetização visual' se refira à destreza de ver, desenhar e formular um juízo estético".

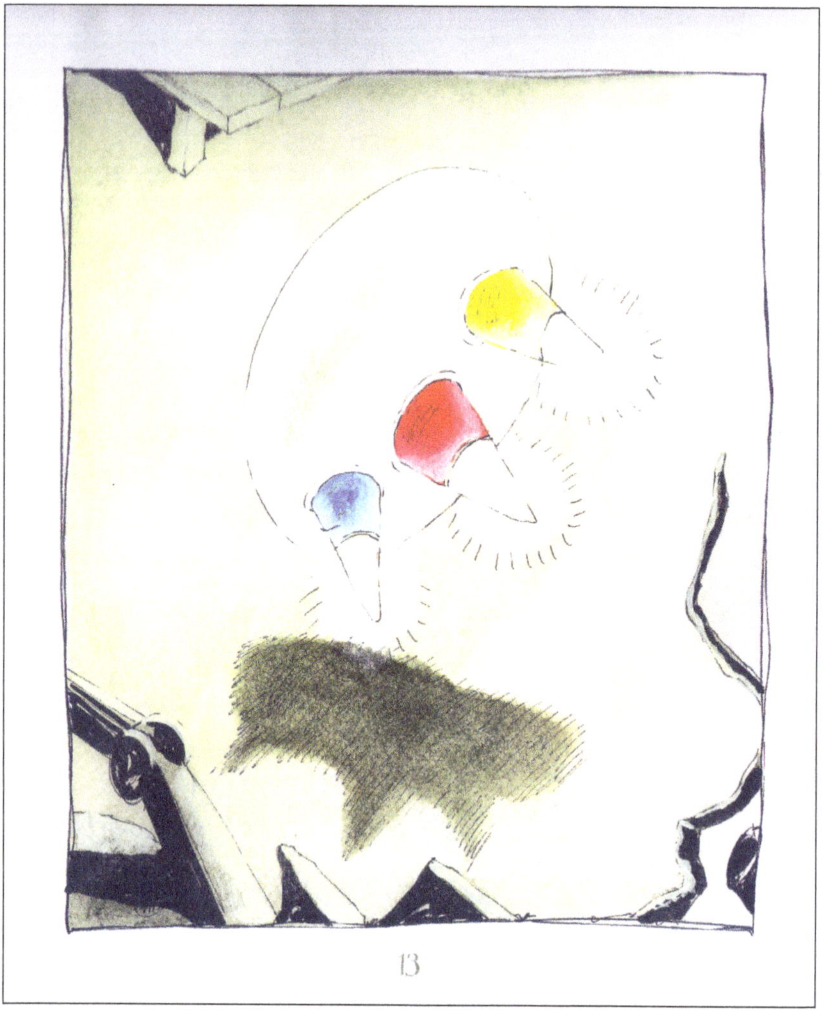

No processo de leitura de um livro com imagens destinado à infância, ainda enfrentamos outro problema. Vivemos uma fratura no processo de alfabetização. Se o imaginário de nossas crianças está construído em cima de um excesso de imagens proporcionadas pelos meios de comunicação, hoje com especial ênfase para a internet e os games, o processo de alfabetização baseia-se em uma tradição escrita.

Esse desacordo entre os espaços de apreensão da imagem e da aquisição do letramento impõe uma situação que pode ser dolorosa, talvez até mesmo contraproducente. Como fazer com que uma criança imersa no mundo dos desenhos, dos comerciais, das séries televisivas, dos RPGs e videogames possa se interessar por livros que a alfabetizem?

Livros com linguagem visual, em que a ilustração se apresente de maneira "inteligente, ambiciosa, rigorosa e significativa conceitualmente" (Wigan, 2008, p. 12), podem ser importantes auxiliares nesse processo. Mas, como dizia o anúncio de uma exposição dedicada ao desenhista Chuck Amuck[2] – criador de um dos mais inesquecíveis personagens de desenho animado, o coelho Pernalonga, é preciso ver, apreender, interpretar e comparar. Ajudará muito se aqueles que fazem a intermediação entre a criança e o livro forem capazes de compreender o que as narrativas visuais estão a contar.

Para conseguirmos "ler" uma narrativa imagética, acredito ser necessário modificar nossa aproximação aos livros, ainda focada na alfabetização textual. E aqui peço licença e regresso ao meu processo de alfabetização para mostrar como podemos valorizar mais a leitura de imagens. Comecei a ler de maneira um pouco diferente da média dos alunos brasileiros, estimulados a se desdobrar sobre o alfabeto. Uma perda auditiva tornou meu aprendizado um desafio vencido com a ajuda de recursos visuais.

Livros me interessavam primeiro pelas ilustrações. Eles eram poucos e raros naquela época e local – o Piauí tinha um dos mais altos índices de analfabetismo do país. Herdeira sem saber de Alice, a personagem de Lewis Carroll (1832-1898) que implica com a ausência de imagens em um livro, estava mais atenta aos desenhos. Crianças apreendem rapidamente a língua das imagens, porque estão em uma fase do desenvolvimento em que as sensações, vinculadas às formas, cores e texturas, ainda estão à flor da pele, não sofreram influência excessiva dos efeitos da racionalização.

Nesse processo de prestar atenção às imagens, os jornais também me atraíam pelas formas: as raras fotos, as letras dos títulos chamadas de garrafais (por terem o corpo bem maior), que provocavam sensações visuais mais fortes e que muito me ajudaram a aprender a distinção entre "T" e "D", "P" e "B", por exemplo. Como apreender a diferença

[2] O título era *O legado do riso* e foi realizada no Museu de Arte Contemporânea de Tempe (TCA), no Arizona, Estados Unidos, de fevereiro a junho de 2010. Nela reforçava-se a ideia de que a leitura de uma imagem requer espontaneidade, afeto, silêncio, sensibilidade e excitação.

entre letras tão próximas? Desenhando-as com o dedo e repetindo o som que era possível captar. Se minha tia Maria Teresa era chamada de Tetê, nas minhas cartas virava apenas TT, o símbolo gráfico resumindo o nome. A imagem representando o conceito.

Exercícios que ainda hoje me fazem pensar na origem comum que escrita e escultura compartilham, pois nos primórdios foram feitas a partir do barro cozido – os mais remotos ancestrais dos livros saíram desse material. Mesmo com todas as mudanças ocorridas na indústria gráfica, as letras continuam a ter forma escultórica, a dar impressão de volume ou de movimento. Em um livro dedicado a crianças, elas são pensadas para transmitir algum tipo de informação além do que está narrado.

A escritora e ilustradora Eva Furnari dedica o livro *Felpo Filva* (2006) a todos aqueles que têm orelhas diferentes. Poderia ter dedicado a história do coelho poeta neurótico a todos aqueles que sabem ler o diferente. Na confecção da obra, ela utiliza muitos tipos de letras e textos para comunicar variadas mensagens e explicar diversos modos de usar a escrita. Por exemplo, em uma carta da personagem Charlô para Felpo, a letra aproxima-se da forma manuscrita. Já uma receita de bolinhos de chocolate está escrita com uma tipologia bastante apropriada para uma mensagem de caráter utilitário. As fontes, os caracteres tipográficos, são tão personagens da obra como Felpo e Charlô.

Em *O risco e o fio*, Cozendey (2008) narra sobre como se dá a relação entre rabiscar, desenhar, escrever e criar. O que chama a atenção no livro não é a história, mas o enunciado gráfico obtido a partir da tipografia. O risco puxa o fio, que risca a palavra, que, fiando, se transforma em imagem, que são desenhos coloridos. O livro termina por visualizar o processo criativo e nele são usadas a letra cursiva e a de forma, de maneira que o jovem leitor percebe as diferenças, mas sem que elas sejam explicitadas verbalmente pela autora. A conversa entre o fio e o risco visualiza para a criança erros que cometemos ao escrever, mostra que podemos não gostar de algumas frases que construímos, mas nos incentiva a riscar à toa, a buscar o fio da inventividade. As imagens do livro estão mais concentradas na forma do texto do que nos desenhos feitos pela escritora-ilustradora.

Como, por muito tempo, precisei visualizar o que conseguia escutar, ainda hoje tenho fascínio por livros que trabalham diferentes

Durante a semana, ele fez uma lista com os assuntos que não queria esquecer na carta seguinte:

1. Agradecer o convite e explicar, outra vez, que vou levar mais de um ano para, TALVEZ, aceitá-lo.
2. Mandar UMA HISTÓRIA UM POUCO ESQUISITA.
3. Pedir para ela mandar um retrato.
4. Perguntar se ela coleciona provérbios.
5. Perguntar se ela tem namorado.

Diariamente, ele conferia se tinha algum envelope lilás.

Finalmente, num dia de muita chuva, chegou um cartão-postal todo encharcado.

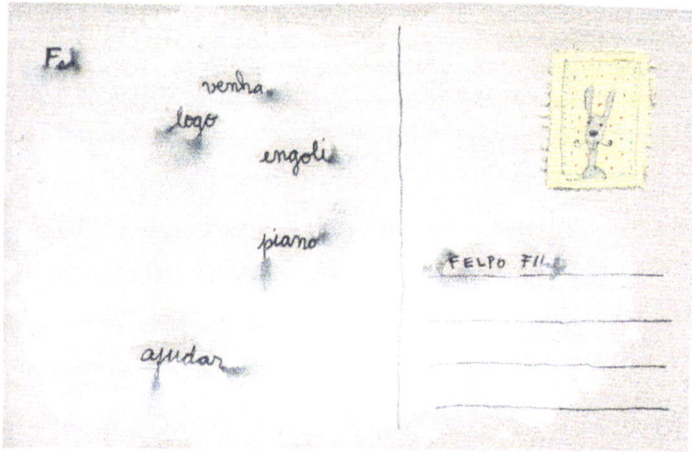

Ao ler aquelas terríveis palavras, Felpo não pensou em nada. Olhou o endereço da toca de Charlô e saiu correndo, sem capa e sem guarda-chuva. A sorte era que ela não morava muito longe dali.

31

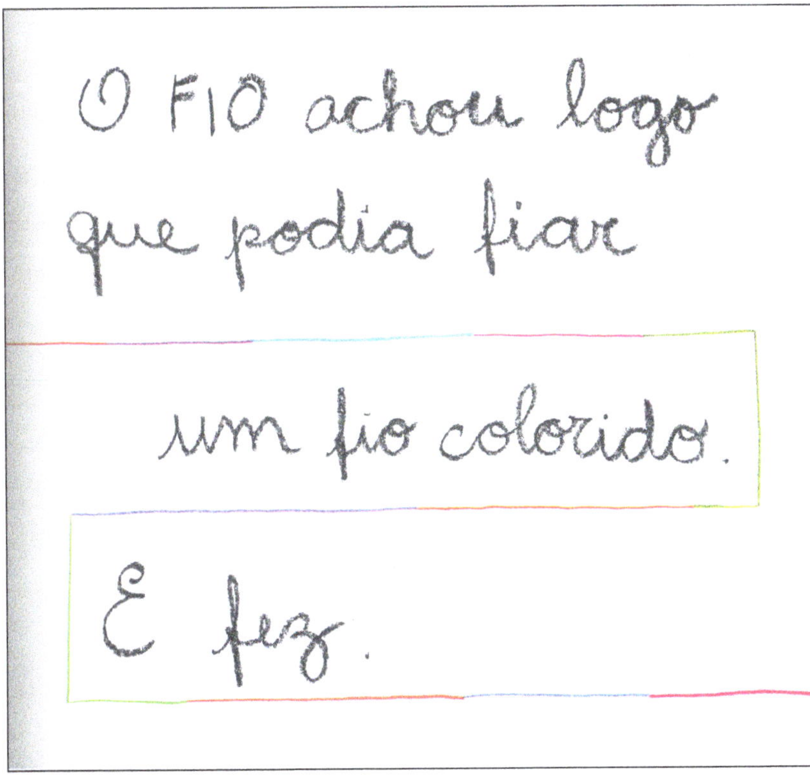

marcas tipográficas, assim como por aqueles que se dedicam a explorar as inúmeras possibilidades de ilustrar o alfabeto. O abecedário imaginado por Mario Quintana, em *O batalhão das letras* (1992), se transformou em um dos meus clássicos. É pura poesia. Na versão ilustrada por Rosinha, artista pernambucana, fica clara a influência da arte de pintores como Marc Chagall (1887-1985), o mais lírico dos modernistas, em cujas telas cidades, homens, mulheres e instrumentos musicais sobrevoavam como se estivessem em um conto de fadas.

Ao usar uma gama de cores plena de contrastes e em consonância com o ritmo sonoro das pequenas estrofes dedicadas às letras, a artista rememorou também a paleta de cores de Henri Matisse (1869-1954) – artista que explorou com maestria o uso abstrato de cores puras e um padrão caligráfico em suas pinturas. Rosinha criou cenários lúdicos em que a criança consegue transpor os limites do real e deixar a

C
Com C se escreve CACHORRO,
Confidente das CRIANÇAS
E que sabe seus amores,
Suas queixas e esperanças...
D
Com um D se escreve DEDO,
Que poderá ser mau ou sábio,
Desde o dedo acusador
Ao D do dedo no lábio...

imaginação prosperar. Tudo em consonância com o tripé poético que caracteriza Quintana, baseado na mescla de lirismo, humor e ironia (Ramos, 1995, p. 160).

Assim, na página em que a letra D puxa palavras, os tons vermelho, laranja, amarelo e verde dominam a cena, e o leitor é convidado de maneira perspicaz a identificar ações e objetos que se referem à letra – dança, dormir, dados, um dedo na boca de uma senhora cujo cabelo tanto pode ser uma árvore como uma torre. Torna-se fácil e muito bem-humorado entender que:

> Com D se escreve DEDO
> Que poderá ser mau ou sábio
> Desde o dedo acusador
> Ao D do dedo no lábio...

Para ler as muitas e, às vezes, maravilhosamente enlouquecidas imagens de *O batalhão das letras*, crianças pequenas não precisam saber necessariamente da existência de Matisse ou Chagall, ou relacionar o que veem com a tradição artística. Mas podem ser estimuladas a contar o que conseguem enxergar, a falar sobre os tons de cores (quais são as mais fortes, as mais suaves), a dizer se o ambiente, a paisagem do livro, está mais para silêncio ou evoca momentos de ruído.

Enfim, qualquer menina, qualquer menino, saberá discorrer sobre uma página como aquela em que o W e o Z são apresentados e, como o primeiro é um M que "caiu de pernas para cima", xícaras e jogos de xadrez se transformam em uma ciranda de prazeres. Cada página convida às brincadeiras, e elas são apenas sugeridas pelos desenhos.

Criamos nossa própria literatura visual desde que não vejamos de maneira superficial. Precisamos ser impelidos a ver com a mente indagadora, que sabe como entender as ambiguidades do olhar. Vemos uma obra de arte, assim como uma ilustração ou uma paisagem, aos poucos, conforme a experiência e o treinamento individual. Só depois juntamos as informações e conseguimos formar um todo, que, na medida do possível, será coerente.

Pequena, fui estimulada por meu pai, à época professor de ensino secundário, e por tias-alfabetizadoras a "contar" tudo o que via. Esse treino com as imagens provocou também um exame mais atento do ambiente. Ver paisagens – carnaubais, animais soltos nos campos, mulheres correndo atrás de capotes, homens diminutos entre dunas de areias, o mar entre o verde e o azul, as torres de fábricas antigas em contraste com casebres com cobertura de palha – serviu também como uma introdução à arte de olhar.

Ver e descrever cenários são maneiras de selecionar o que impressiona e descartar o que não produz sentido. Enrolar as palavras, mas dar conta de expressar o visto, o vivido e o imaginado ajuda a elaborar um discurso sobre o real, a criar um jeito de falar e pensar próprio de cada um quando se é criança. Qualquer leitor de imagens poderá dar conta de exercer essa liberdade. No meu caso, a partir do exercício de olhar, o importante era identificar coisas, dar nome, relacionar imagens e memórias. Com os anos, passei a associar a leitura com a descoberta de novas paisagens.

Teórica da arte contemporânea, Cauquelin (2007) explica o imenso trabalho que é necessário para vermos uma paisagem. E relembra que, no mundo contemporâneo, "pinturas, escultura, fotografias, vídeo e trilhas sonoras [eu incluiria livros, em especial os dedicados a crianças] compõem paisagens mestiças, híbridas, nas quais o expectador se sente imerso" e precisa desdobrar as dobras do que está apresentado para melhor compreender as coisas e os vínculos que mantêm entre si. Nessa escolha, entram em cena tanto as qualidades intrínsecas do que é visto como as atribuições dadas por aquele que vê.

É sobre a paisagem híbrida dos livros dedicados à literatura infantil que falaremos, nas próximas páginas, ao discutirmos um pouco mais sobre a história da imagem nos livros dedicados à infância.

Quando o passado interessa

O problema é que gostos e padrões de beleza variam muitíssimo.
E.H. Gombrich, *A história da arte*

A conversa entre texto e imagem em uma obra destinada a crianças percorre longa tradição. No início dessa relação já foram estabelecidas algumas características que dominam os livros destinados ao público infantil hoje em dia, como a interação entre palavras e ilustrações. Em 1658, o checo Jan Amos Comenius (1592-1670) publicou *Orbis sensualium pictus*, que tanto pode ser traduzido como "O mundo pintado pelos sentidos", "O mundo visível em pinturas" ou, em termos mais contemporâneos, "O mundo em imagens".

Comenius afirmava que "as imagens são a forma de aprendizagem mais fácil de assimilar que se pode oferecer às crianças" (Salisbury, 2005, p. 8), por isso concedeu muita importância às ilustrações ao transmitir nelas informações sobre a arte de ensinar. Na página inicial do livro, a imagem do mestre e do aprendiz conversando traz um convite para que o segundo conheça o mundo nas próximas páginas, ande por ele e olhe tudo, pois encontrará ali um alfabeto visual. A intenção do autor era seduzir com inteligência os pequenos leitores.

É interessante observar que um dos primeiros usos da ilustração em livro destinado a crianças foi feito em obra destinada a criar diretrizes para a formação de alunos de latim, portanto, para capacitar leitores.

Considerado o pai da pedagogia moderna, o autor atribuiu à imagem uma função para além da ornamentação, equiparando as figuras às nomenclaturas e às descrições – os três recursos utilizados na obra. O objetivo era fazer com que mesmo o leitor não alfabetizado compreendesse o visto e, assim, aprendesse sobre o mundo.

Publicado em Nuremberg (Alemanha), o livro tinha mecanismo sofisticado – em parte dedicado ao latim, outro tanto às ilustrações enciclopédicas, sendo um "instrumento de reforma social e educacional" (Lewis, 2001, p. 139). Ele apresentava nomes e imagens de coisas que eram conhecidas, de aspectos vinculados ao humano (um braço, um seio), de materiais e técnicas usadas, e também exibia variedade de pessoas e de monstros deformados, a exemplo de um dragão.

Cada página aberta continha uma ilustração, e as nomenclaturas podiam receber marcas tipográficas diferentes, formando um jogo de imagens. Ainda segundo Lewis (p. 139), ele foi claramente desenhado para apresentar figuras e palavras, simultaneamente, para o leitor. *Orbis Pictus*, nome pelo qual se tornou mais conhecido, enfatizou a importância dos processos intuitivos na aquisição do conhecimento.

Ao valorizar as imagens, Comenius ressaltou a importância da percepção e da capacidade de visualizar para atrair a atenção e facilitar o aprendizado do leitor emergente. As ilustrações em preto e branco, originadas de gravuras em madeira, sugeriam mais que detalhavam, informavam, mas também deixavam espaço para a arte da associação e da imaginação. Cada exemplar tinha acabamento de luxo, tratado como se fosse um objeto de arte.

Tesouro preservado em algumas bibliotecas, o livro pode ser visto, em parte, na internet. No endereço <http://imaginarymuseum.org/OPR/OPRWAAGE.HTM> se encontra a página de *Orbis Pictus revisado: uma exposição interativa*, organizada por Tjebbe van Tijen e Milos Vojtechovsky. Elaborada em 1996, para a De Waag, sociedade com sede em Amsterdã (Holanda) que trabalha com novas e tradicionais mídias, as imagens da exposição dão uma mostra da perene atualidade e da incrível beleza do livro. Acredite, vale a pena dar uma passeada no site e verificar outro diálogo, desta vez o estabelecido entre o objeto renascentista e as tecnologias contemporâneas usadas para a realização da exposição.

Antes de Comenius, o alemão John Amman (1539-1591) assinou xilogravuras que ilustraram *Kunst Lehrbüchlein*, publicado em Frankfurt em 1580. Livro de arte e instrução para jovens, o volume avisava na capa que nele seriam encontrados graciosos e amenos desenhos. Uma das imagens mais conhecidas dele exibe crianças em um jardim. Uma delas lê em uma tabuleta, enquanto outra segura nas mãos volume que se assemelha a um livro.

Como Comenius e Amman não tratavam de ficção, há quem considere que o primeiro livro com ilustrações para crianças com base na arte da fabulação é *Isopete historiado* (versão das fábulas de Esopo), impresso em Zaragoza (Espanha). A questão é que, lançado em 1498, por Juan Hurus, o volume não especificava o público-alvo, tendo sido feito, provavelmente, para o deleite de adultos e, somente depois, entendido como sendo para crianças. Há ainda o registro de que, em 1511, Johannes Geiler von Kaysersberg ilustrou a história *Cinderella*, como parte de um livro de sermões editado em Estrasburgo (Harthan, 1981, p. 64).

Desses, o que fez mais sucesso e teve vida mais longeva foi *Orbis Pictus*, que recebeu várias reedições e foi traduzido para o inglês logo em seguida à primeira edição. Hoje em dia, são muitos os teóricos que, ao analisarem a história dos livros infantis, destacam sua inventividade por tornar tão próxima a relação entre as palavras e as imagens, criando uma sinergia, soma de forças entre os dois elementos. Por isso, é considerado o primeiro caso de *picturebook*, quando a obra é escrita mais com imagens do que com palavras (Shulevitz, 1985, p. 16), conceito de livro ilustrado usado no mundo anglo-saxão, a ser detalhado no próximo capítulo.

De Comenius em diante, vários foram os livros ornados com desenhos, que hoje são reconhecidos como pertencentes à literatura infantil. Recolhidos das tradições orais, esses textos eram originalmente destinados a adultos, mas foram sendo reescritos e parcamente ilustrados para serem endereçados aos mais jovens. São os primeiros livros direcionados à infância, escritos sob o recurso da ficção, como as fábulas de La Fontaine (1621-1691), os contos de Charles Perrault (1628-1703) e, mais tarde, as obras dos irmãos Grimm, Jacob (1785-1863) e Wilhelm (1786-1859).

Todos são livros com ilustrações que valorizavam muito o texto e traziam poucas imagens. Podemos chamá-los de livros com ilustração, em que a palavra pode prescindir da imagem. O entendimento da obra não é afetado pela presença ou ausência do desenho. O traço do ilustrador é usado como um complemento a mais. Quer dizer, o modelo proposto por Comenius, em que as palavras e as imagens formavam uma estrutura integrada, não se manteve.

Durante muito tempo, o texto verbal dominou a edição de livros, tornando as palavras mais importantes que qualquer outro recurso na hora de contar histórias para as crianças. Muitos podem ter sido os motivos para tal retrocesso – problemas técnicos e o custo de impressão podem ter contribuído para dificultar essa relação, por exemplo. Mas o certo é que esse comportamento editorial fez com que as ilustrações exercessem papel secundário no livro infantil, algo que durou por um longo tempo.

Vem dessa prática a definição da arte de ilustrar. Em explicação emprestada de Ribeiro (1997, p. 441), "ilustração é uma imagem, desenho ou gravura que acompanha o texto", seja inserido em livro, jornal ou revista. Originário do latim, o verbo acompanhar estabelece relação de associação, significando estar junto, ao lado de. Essa interpretação nos dá a dimensão da ilustração em um texto para crianças à época de Gustave Doré, por exemplo. Os desenhos eram considerados como um "respiro", que tornava a massa de texto mais atraente. Eles apenas acompanhavam o texto.

Muito diferente do que ocorre atualmente em livros como *A preciosa pergunta da pata*, de Leen van den Berg e Ann Ingelbeen (2007), em que ilustração e palavra são dependentes uma da outra para o bom andamento do que é contado. Como você pode perceber, escolhi um motivo. De novo, evoco um livro sobre a mesma espécie de animal. Assim será mais fácil produzir uma linha de tempo, com exemplos que mostram como a ilustração de um tema pode sofrer mudanças ao longo da história.

Animal considerado amoroso pelas crianças, o pato começou a fazer parte do imaginário infantil com *O Patinho Feio*, de Andersen, no qual os desenhos, como já vimos, eram poucos no espaço do livro. Na história da pergunta da pata, as imagens ocupam espaço muito superior

Quando, finalmente, cada um havia encontrado seu lugar, a tartaruga gigante subiu no balanço. — Caros amigos — começou tossindo um pouco. — Caros amigos, todos nós sabemos que com o passar dos anos nos tornamos mais sábios. E, mesmo tendo completado trezentos anos de idade, ainda há perguntas para as quais eu não tenho resposta. Por isso, nesta reunião anual, procuraremos juntos encontrar respostas para as perguntas difíceis — e enxugou a testa, pois não estava acostumada a falar tanto.

ao das palavras. Elas ditam o ritmo da história, exibem para o leitor um mundo visual rico de sugestões, exigem que aquele que lê se dedique a elas para melhor entender o que está narrado.

A senhora pata, como o pato original de Andersen, também é uma deslocada. Enquanto todos os outros seres – racionais e irracionais – fazem a maior bagunça durante encontro na floresta, ela, linda em seu traje vermelho com traçado ondulado em cor branca, senta-se no último banco, sozinha. A imagem já colocou em cena a personagem, mas as palavras não dizem nada da pata, ainda não a apresentaram.

É o leitor que, pelas imagens, que ocupam página dupla, vai identificar sua existência e seu lugar quase escondido atrás de um urso. É o leitor que vai concluir sobre seu comportamento encolhido, alheio ao congraçamento alegre dos outros companheiros. É o desenho que diz isso. Ao longo do livro, as imagens antecipam e completam a engraçada história.

Tudo se passa em uma assembleia em que animais, humanos e personagens de contos de fadas, como Branca de Neve – quase todos, inclusive a pata, mostrando as bochechas avermelhadas, sinal de que estão vivos –, refletem, sempre de maneira divertida e fantástica, sobre o lugar para onde irão quando morrerem. Quando faz sua preciosa pergunta, a pata segura nas mãos algo que sugere um retrato. Talvez seja uma foto do filho que perdeu recentemente, enquanto nadavam juntos pela primeira vez. Nossa imaginação é levada a pensar assim pela junção do texto e da imagem.

A pergunta dá origem a um mundo dinâmico de cores e formas, em que cada ser imagina-se, quando morrer, em um estado diferente daquele que caracteriza a sua realidade. São os desenhos que mostram a leveza pretendida pelo elefante e como o mundo seria esquisito se ele voasse; o desejo alegre de Branca de Neve de nunca mais acordar e apenas sonhar com o tal príncipe encantado; a vontade do mar de subir por uma escada infinita até as nuvens, o que, dizem as imagens, causaria grande confusão no mundo.

Em páginas duplas, nuvens mudam de reino, viram pedras gigantescas que encobrem casas; em apenas uma linha está dito que o urso polar deseja ir para o Sul, e a imagem, generosa, esparrama-se em duas páginas, mostrando-o deitado em uma rede (cujo armador é o elefante) em alguma praia dos trópicos, pois o sol aparece gigantesco, inclemente.

O texto escrito precisa das imagens, e as imagens necessitam do texto para que o leitor consiga dotar a história de significados.

Muito antes de a indústria editorial chegar a um livro com o requinte desse, Comenius percebeu que a imagem pode ter um grande poder. Não é à toa que, desde sempre, o ditado popular fala que uma imagem vale por mil palavras. Em épocas anteriores, ainda que comparativamente as palavras ocupassem um espaço pequeno no interior do livro, as ilustrações causavam efeitos potentes. Elas sempre tiveram o poder de criar espaços, de induzir experiências afetivas e intelectuais que pontuam o imaginário dos leitores.

A questão é que as imagens, quase sempre, repetiam as informações dadas pelo texto escrito, exercendo, portanto, efeito redundante. De modo geral, as ilustrações apenas eram inseridas na página, sem preocupação em tornar seus efeitos mais potentes. E a história narrada poderia dispensar desenhos, pois o sentido integral estava preservado no texto escrito. Se fosse um filme, peça de teatro ou novela de televisão, poderíamos dizer que o texto era o ator principal, protagonista do livro, e as imagens seriam o ator secundário, coadjuvantes nas páginas.

Os dicionários ainda hoje insistem nessa compreensão tradicional da ilustração. Ensina o Aurélio que a ilustração é uma imagem ou figura de qualquer natureza com que se "orna" ou elucida o texto de livros, folhetos e periódicos. Segundo esse olhar, a ilustração se reduz à condição de decoração ou, no máximo, de tradutora do que já está dito com as palavras. O problema, não custa insistir, é que, mesmo quando esse era o principal modo de tratar a ilustração em um livro, ela se tornava importante. Entre outros fatores, porque alterava o ritmo da narração, criando novos instrumentos para a apreensão da história.

A partir do século 19, na Inglaterra, as imagens começaram a ganhar mais corpo no interior do objeto livro, o que se deveu ao desenvolvimento de mais e melhores técnicas de reprodução. Entre estas, se destaca a litografia, criada no final do século 18, mas cujo uso e desenvolvimento se intensificaram nos anos seguintes. A técnica baseia-se na criação de desenhos sobre uma matriz (de pedra), feitos com lápis gorduroso e depois impressos em papel. Em 1837, surge a cromolitografia, que permite o uso da cor e colabora para incentivar e alterar a arte da ilustração.

Pouco depois, a consolidação do invento da fotografia (1839) será importante para a transformação da arte de ilustrar, pois se começa a captar uma série de imagens de maneira mais rápida. Antes a forma de retratar a realidade feita pela pintura e pelo desenho era demorada, requeria inúmeros preparos. Com a fotografia, artistas começam a perceber que é possível estabelecer uma sequência de imagens, que transmitem uma intensa ideia de movimento, o que se refletirá nas construções de futuros ilustradores.

O período a partir de meados do século 19 é conhecido como a idade de ouro da ilustração e se tornou fonte de influências que se espalham até os dias atuais. É a época de ilustradores como Edward Lear (1812-1888), Richard Doyle (1824-1883), Walter Crane (1845-1915), Kate Greenaway (1846-1901). E são muitas as obras clássicas que nasceram no período. A mais famosa entre elas é *Alice no País das Maravilhas*, de Lewis Carroll, obra cujas ilustrações me encantaram quando criança, embora pouco tenha absorvido do texto na primeira vez em que li – achei difícil, fiquei assustada com aquela lógica tão absurda –, e só no final da adolescência passei a amá-lo por sua inquietude.

Além da história, que se mantém atraente até os dias atuais, Carroll, um apaixonado pela arte da fotografia, refletiu no texto sobre a questão que se tornaria fundamental para a produção de livros destinados à infância. Embora usasse o recurso da ficção, ele abriu espaço para se pensar a importância da ilustração por meio da fala de uma das personagens. Talvez seja o fato de Alice antecipar um novo modo de olhar a ilustração um dos motivos de ser sempre citada por muitos leitores e, em especial, pelos teóricos da literatura infantil e estudiosos da imagem.

Ao sentir falta de imagens no livro que a irmã lê, Alice pensa: "De que serve um livro sem figuras nem diálogos?" (Carroll, 1986, p. 9). Ela reivindica a importância da ilustração, dando-lhe o *status* de imprescindível em um livro. A revolta da menina é compreensível: ela queria "ler" o livro pelas ilustrações. Havia sido capturada pelo poder da imagem. Além de apresentarem grande capacidade de persuasão e significação, desenhos em um livro estabelecem comunicação eloquente com aquele que os usufrui. Crianças de ontem e de hoje gostam de ser fisgadas à primeira vista por imagens.

Carroll publicou o livro em 1865. A partir daí, se a garota inglesa passou por muitas modificações ao longo da história, a arte de ilustrar livros também viveu inúmeras transformações: das reproduções de gravuras feitas apenas em preto e branco àquelas editadas em policromia (quando se usa mais de três cores); da mera intenção figurativa às propostas que tendem para a linguagem da abstração; das imagens chapadas à volumetria do *pop-up* e ao 3D (três dimensões). Essas são apenas algumas das mudanças. E elas foram acompanhadas pelo crescente aumento da importância da imagem na estrutura dos livros.

No caso, por exemplo, da *Alice*, de Carroll, a edição recebeu ilustrações de John Tenniel (1820-1914), que seguem sendo até hoje modelo paradigmático para muitos outros artistas. Contabiliza-se que mais de 500 artistas-ilustradores já recriaram a história. Nos traços de Tenniel, que atribuem a muitas cenas uma perspectiva de humor, pois ele era também caricaturista, se desenrola boa parte das aventuras da menina. Sua presença é tão forte que várias das ideias do primeiro ilustrador inspiram cenários da versão cinematográfica em três dimensões, assinada por Tim Burton, lançada em 2010.

É o figurino assinado por Colleen Atwood que ajuda a recriar no filme a atmosfera caricata pretendida nos desenhos de Tenniel. Alice em seu vestido azul-claro pálido, típico da era vitoriana – homenagem do diretor ao primeiro filme da Disney baseado no texto, datado de 1951 –, contrasta com os demais personagens, vestidos com roupas bizarras. Sobressai entre eles o Chapeleiro Maluco, cuja vestimenta foi inspirada naquelas usadas pelos profissionais do século 19, sendo manchada pelo mercúrio, metal usado na fabricação dos chapéus de feltro do passado.

Configurador de identidades, o figurino extravagante dá unidade ao filme, que traz uma miscelânea de referências retiradas de outros filmes e livros contemporâneos direcionados ao leitor juvenil, como a aura de mistério das séries *Harry Porter* e *Crepúsculo*, sucessos editorial e cinematográfico do século 21. Observe que, mesmo sendo um diretor provocativo e inovador, Tim Burton não conseguiu se libertar do universo de imagens criado por Tenniel, que não era um exímio desenhista, mas retratou de forma convincente a história delirante criada por Carroll. Seus desenhos tiveram tanta importância quanto o texto, embora o livro ainda não configurasse um caso de interação entre as

Quando saíram, o bebê parou de espirrar e começou a grunhir. Alice olhou ansiosamente para o rosto dele, para ver qual era o problema.
Ele tinha um nariz muito para cima, parecendo um focinho. Também seus olhos eram extremamente pequenos para serem de um bebê. – Se você for se transformar em um porco, meu querido – disse Alice –, eu não terei mais nada a fazer com você. Veja bem!
Logo não havia mais dúvidas – a criatura nos braços de Alice era mesmo um porco. Ela o colocou no chão, e sentiu-se muito aliviada quando ele saiu andando.
Não muito depois, Alice ficou surpresa ao ver o Gato Risonho sentado em uma árvore a alguns metros de distância. Ela pensou que ele parecia amistoso. Mesmo assim, tinha garras longas e muitos dentes, então ela sentiu que ele deveria ser tratado com respeito.
– Gatinho Risonho – ela começou –, você poderia me dizer, por gentileza, qual caminho devo seguir?
Puxe
– Depende muito de onde você quer chegar – respondeu o Gato.
– Isso não me importa muito... – disse Alice.
– Então não importa o caminho que você vai seguir – disse o Gato.
– ...desde que eu chegue a algum lugar – acrescentou Alice, como explicação.
– Ah, mas você certamente chegará a algum lugar – disse o Gato –, desde que caminhe o bastante.
Alice percebeu que isso não poderia ser contestado, então tentou outra pergunta.
– Que tipo de gente mora aqui?
– Naquela direção – disse o Gato, acenando com sua pata –, mora um Chapeleiro. E naquela direção – acenando com a outra pata – mora uma Lebre de Março. Visite quem quiser – ambos são loucos.
– Mas eu não quero ficar no meio de gente louca – disse Alice.
– Ah, isso você não vai conseguir – respondeu o Gato. – Todos somos loucos aqui. Eu sou louco. Você é louca.
– Como você sabe que eu sou louca? – perguntou Alice.
– Você deve ser – disse o Gato. – Ou não teria vindo para cá. Você vai jogar croquet com a Rainha hoje?
– Gostaria muito – disse Alice –, mas ainda não fui convidada.
– Você será – disse o Gato.
Ele então foi desaparecendo lentamente, começando no seu rabo e terminando em seu sorriso.
'Ora! Eu sempre vi um gato sem sorriso' – pensou Alice – 'mas um sorriso sem um gato! É a coisa mais esquisita que já vi!' Ela aguardou um pouco, esperando vê-lo novamente, mas ele não apareceu, então foi caminhando na direção em que morava a Lebre de Março.

palavras e as imagens. Mesmo que seja empobrecedor em termos de imaginário, é possível ler *Alice no País das Maravilhas* sem as ilustrações.

Assim como as histórias *O Patinho Feio* e *Chapeuzinho Vermelho*, *Alice no País das Maravilhas* também ganhou muitas versões, e elas foram produzidas de acordo com seu tempo, construindo discursos visuais sobre diferentes épocas. Atualmente, adaptações recentes em livro do clássico inglês buscam aproximar-se da linguagem cinematográfica. E, assim como no filme de Burton, dão tanto valor à imagem que a narrativa verbal se perde em meio aos muitos efeitos especiais. É o caso da brincadeira visual proposta por Harriet Castor e ilustrada por Zdeno Basic (2010).

A Alice de Basic também se rende à influência do primeiro ilustrador, mantendo características engraçadas das personagens desenhadas por Tenniel. A menina permanece tendo a cabeça desproporcional ao corpo, uma das críticas sempre feitas ao desenho do primeiro ilustrador, e continua sendo loira. Nessa edição contemporânea, entretanto, algo se destaca: é o fortalecimento da habilidade manual, forma de se adaptar ao gosto do leitor contemporâneo, acostumado a teclar e a jogar em computadores.

Orientada pelas ideias de mobilidade e interatividade, a edição utiliza imensa quantidade de recursos gráficos. O pequeno leitor é convidado a todo momento a abrir portas de armários e janelas, puxar a cabeça de Alice e vê-la crescer de forma desproporcional ou ir, lentamente, movimentando um pedaço de papel e descobrindo o gato risonho em uma árvore. Além de ser estimulado a encontrar receitas de boas maneiras dentro de uma xícara de chá, o leitor descobre conselhos dentro de retângulos, como aquele que o ensina a sobreviver a um chá maluco. Muitos são os tipos de letras usados. E, na abertura do livro, um guia, assinado pelo Coelho Branco, explica como funciona o País das Maravilhas.

Entre a Alice de Tenniel e a de Basic a ilustração do livro infantil incorporou tantas novidades a ponto de, hoje, a imagem, em alguns livros, se sobrepor às palavras ou mesmo dispensá-las, caso do chamado livro-imagem, tema que também detalharemos nos próximos capítulos. Para chegar a essa inversão de papéis, a fabricação do objeto livro infantil passou por processos lentos e demorados. Conscientes, como Alice, desse poder exercido pela imagem, alguns editores e autores começaram a repensar o papel da ilustração, levando em conta que a imagem pode também definir rumos para a leitura.

Grande inovação foi produzida pelo inglês Randolph Caldecott (1846-1886). Foi ele quem voltou a pensar a junção de texto e palavra como uma relação em que os dois códigos se entrecruzam, de maneira integrada, para gerar situações narrativas. À diferença de Comenius, que previu um jogo equilibrado entre o visual e o verbal, ele apostou muito mais na força da imagem. Em *Hey, Diddle, Diddle*, Caldecott demonstrou que a força da ilustração poderia ser equivalente à do texto, tornando-a elemento imprescindível para a compreensão da história. Segundo Shulevitz (1985, p. 16), sem as imagens, as palavras do livro de Caldecott seriam sem sentido.

Hey, Diddle, Diddle é uma espécie de trilha sonora, entendida com a ajuda das imagens, que contam parte da história. O leitor só entenderá a narrativa se puder ver as ilustrações, assinadas por Caldecott, produzidas entre os anos 1878 e 1886. Ele, assim como Alice, compreendeu que a ilustração é em si uma linguagem narrativa e deu a ela uma liberdade e um poder imensos. Sem tantos recursos verbais, com a palavra dizendo apenas o essencial ou mesmo ausente, para ler um livro assim é preciso olhar com calma, ser conquistado pelas sugestões proporcionadas pelos desenhos. Eles guiam o enredo sugerido pelo autor e a ser concluído pelo leitor.

No início do século 20, com a entrada em cena das chamadas vanguardas modernas, surgiram novas propostas para a elaboração do livro infantil. Artista com origens no Dadaísmo, movimento artístico surgido em 1916, na Suíça, que privilegiava a desconstrução da lógica e as atitudes irreverentes e irônicas, o alemão Kurt Schwitters (1887-1948) criou uma série de contos de fadas ilustrados. Infelizmente, muito pouco desse material sobreviveu, pois grande parte dos desenhos foi destruída a mando da polícia nazista alemã. O poder não costuma gostar de provocações e, assim como inúmeros outros trabalhos artísticos que não se alinhavam a sua ideologia, considerou os contos e os desenhos de Schwitters exemplos de arte inapropriada.

Mas, para a alegria daqueles que gostam de livros infantis com sabor de inovação, uma das histórias infantis do artista sobreviveu. Trata-se de *O espantalho*, criado nos anos 1920 e editado pela Universidade de Princeton, nos Estados Unidos, em 2009. Nele, Schwitters, com a colaboração de Kate Steinitz (1889-1975) e Theo van Doesburg (1883-1931), experimenta contar uma história usando apenas recursos tipográficos, em diferentes formatos de corpo e letras. Tudo reduzido a duas cores, tinta preta sobre fundo branco. Fez desenhos próximos aos rabiscos produzidos por crianças em idade pré-escolar e conseguiu uma integração total entre palavras e imagens. Essa aparente simplicidade foi buscada por eles, que eram artistas reconhecidos e dominavam tanto a técnica da pintura e do desenho como a teoria artística.

Imagine um boneco feito apenas com a letra "F", possuidor de pés e charmoso como poucos. Pense em uma família de pintinhos surgidos da singeleza da letra "O" com outros "ozinhos" na função de olhos. Ou veja que solução mais prática e apropriada para uma criança: quando desejou indicar a escuridão, o artista apenas desenhou um retângulo pintado de preto em meio à página. Com a força inerente à tipografia, o artista se aproximou da naturalidade com que as crianças pequenas costumam desenhar. Produziu uma história vívida e encantadora, mesmo para aqueles que só podem conhecer a versão em inglês. Acredito que a leitura deva ser ainda mais saborosa na língua original, o alemão.

No período após a segunda Guerra Mundial, os livros infantis, no mundo ocidental, passaram por grande melhoria na qualidade das imagens. Elas cresceram em termos de ocupação de espaço no interior dos livros, mas apresentaram poucas inovações em sua concepção. É uma época em que o cinema, criado no final do século 19, especialmente com as produções da Walt Disney, impõe um imaginário romântico ao produzir versões animadas de muitas histórias infantis. Esse olhar em que a imagem aparece tendente à perfeição se transportou para grande parte dos livros destinados a crianças.

O casamento que o cinema e sua herdeira direta, a televisão – comercializada a partir do final da década de 1930 –, conseguiram entre a imagem, o som e o movimento surtirá efeitos na produção desses livros somente um pouco mais à frente. A partir da década de 1960, autores começam a introduzir novidades no livro infantil, e elas dizem respeito aos temas tratados – mais questionadores da noção de infância, o que inclui reflexões sobre os contos tradicionalmente dedicados a ela – e à crescente supremacia do visual, vinculado cada vez mais ao ritmo do texto e ao movimento das páginas.

Em 1963, um livro retoma com vigor o formato à maneira de Caldecott, quando, nos Estados Unidos, Maurice Sendak lança *Where the Wild Things Are*, traduzido no Brasil como *Onde vivem os monstros* (2010). Uma dança entre palavras e imagens ocorre nas páginas, sendo clara a supremacia destas últimas. A palavra dá o início das aventuras, que se desenrolam em imagens esparramadas ao longo das páginas, quase como uma sequência cinematográfica.

O enredo é sobre um menino que se desentende com a mãe e termina por fazer um passeio imaginário junto a animais selvagens. A infância, diz o livro que conta a aventura do menino Max depois que ele veste sua capa branca de lobo mau (ou seria seu pijama?), pode ser povoada de sentimentos contraditórios, como a raiva em direção à mãe. Além de sua temática incomum, o livro difere de outros pela força que a imagem adquire, com páginas duplas exclusivamente dedicadas às ilustrações.

A partir dessa época, o mundo vive um período de intensas mudanças de comportamento, com a entrada cada vez maior dos meios de comunicação audiovisual em cena. Ajudam a provocar mudanças no mundo editorial o aumento do interesse pelos desenhos animados e a expansão do consumo das revistas de histórias em quadrinhos. No começo dos anos 1970, eu, por exemplo, adorava a saga de outra família de patos: Tio Patinhas, Pato Donald e seus sobrinhos, vivendo na estranha Patópolis, cidade que gira em torno do pão-durismo do primeiro pato e se ressente de estruturas familiares à moda tradicional, com pai e mãe, pois todos ali são estranhamente órfãos, reminiscência da história de Andersen.

Com a produção intensificada nos anos 1930, as revistas de HQ, sigla que identifica esse tipo de produto cultural, trazem ilustrações em quadros, nas quais uma cena puxa a outra, tendo reflexos encadeados no desenrolar da história. Chamados de arte sequencial, os quadrinhos fazem uso da mistura imagem-palavra de uma maneira exemplar, construindo uma narrativa aparentemente simples, mas muito exigente. Para ler bem uma história em quadrinhos, "é preciso que o leitor exerça as habilidades interpretativas visuais e verbais", diz Will

Eisner (2001, p. 8), criador dos personagens da série *Falcão negro* e um dos grandes responsáveis pelo desenvolvimento da linguagem dos quadrinhos.

Quando Eisner (1917-2005) prega que muitas habilidades são exigidas do leitor de quadrinhos, ele leva em conta que esse tipo de história ilustrada é feita a partir de dois tipos de regências, dois caminhos que se entrecruzam. A primeira é a regência que diz respeito à arte, e fala de perspectiva, cores, pincelada, simetria e composição, por exemplo. A outra se refere à literatura, pois o texto segue uma gramática, tem uma estrutura sintática e desenvolve um enredo com palavras. E ele vem inserido em balões, que indicam diálogos ou pensamentos. É a junção integrada dessas duas regências que passa a definir o livro ilustrado contemporâneo, o que demonstra a influência das HQ no livro infantil.

No Brasil, os reflexos de todos esses fenômenos culturais também provocaram mudanças na formatação do livro, aumentando o poder da imagem. Depois de *Flicts*, outra novidade veio pelas mãos de Juarez Machado (1941-), artista plástico que em 1976 lançou no país *Ir e vir*, obra destinada a crianças em que a experiência da imagem é radicalizada. O livro dispensou as palavras. Feito apenas com desenhos, sem ter uma ordem correta – tanto podia ser lido de trás para frente como ao contrário –, a história daquelas pegadas indo ou saindo (a dúvida é provocada pelas imagens) do chuveiro surpreendeu por não dar rosto a uma personagem. A identidade estava apenas nas marcas dos pés e na imaginação do leitor.

No começo dos anos 1980, surgem muitas novidades na edição dos livros infantis no Brasil. Foram significativas tanto no tratamento do texto, como no da ilustração. Um grupo de autoras dá novo rumo à literatura infantil brasileira. São elas: Lygia Bojunga (1932-), Ana Maria Machado (1942-), Fernanda Lopes de Almeida, Ruth Rocha (1931-) e Sylvia Orthof (1932-1997). Dessa geração talentosa, em que cada uma estabeleceu uma relação diferente com a questão da ilustração, a minha escolha preferencial recai sobre a última. Admiro a forma como os textos e desenhos de Orthof estabelecem uma comunicação direta, quase crua, no tratamento com o pequeno leitor.

Uma das primeiras publicações de Orthof foi lançada pelo extinto selo Codecri, na coleção Pasquinzinho, e a referência aqui deixa claros os vínculos de identidade com a turma de *O Pasquim* (1969-1991), o satírico e desbocado jornal que desafiou a ditadura militar que então dominava o Brasil. Feito por nomes como Millôr Fernandes (1923-), Jaguar (1932-), Ziraldo e muitos outros intelectuais, o jornal também era provocativo em seu repertório visual. A imagem estava ali para atrair e questionar. Os recursos dos quadrinhos, das caricaturas e do humor permeavam todas as páginas. A mesma equipe criou uma cooperativa, a Codecri (Companhia de Defesa do Crioléu), e passou a publicar livros para crianças.

Apoiada por essa turma divertida e insubordinada, mas extremamente perspicaz e criativa, a escritora publicará *Rabiscos ou rabanetes* (1981), com desenhos de Gê Orthof, seu filho e parceiro em muitas

Aí, o menino viu um guarda. Era um guarda de trânsito. O menino mostrou o desenho da casa e perguntou se o guarda sabia o endereço do desenho.

– Já vi uma casa assim, só que era mais alta e mais larga. Fica na Rua das Quitandas, logo depois da esquina.

20

21

obras, cujas ilustrações mantinham o caráter humorístico e irônico do texto. De formato pequeno, o livro conta a aventura de um menino que "desenha um rabisco bem rabisco", transforma o papel rabiscado em gaivota e termina voando como um foguete sobre o Rio de Janeiro, como mostram desenhos de paisagens consideradas cartões-postais da cidade. Quando para em algum lugar, o garoto mostra o desenho de uma casa e pergunta se alguém sabe onde ela fica. E os rabanetes, onde entram no enredo? Ora, são apenas as verduras que uma velha, grande e gorda, havia comprado, mesmo tendo achado o preço muito caro.

Os desenhos de Gê, feitos na mesma cor impressa nas palavras – entre o marrom e o ocre –, elaborados a partir de traços muito simples, transformam os rabiscos em ondas do mar, nuvens, algo que lembra uma asa-delta, rabanetes, um guarda de trânsito de tamanho gigante. Embora nunca se misturem, texto e imagem (cada um fica em sua página) produzem uma poética delicada e estão bem entrelaçados. Os Orthof trouxeram para o livro uma série de citações de antigas histórias infantis – o menino que se perde de casa, o gigante de botas, o desejo de voar, a mulher bronca que lembra uma bruxa moderna. Os desenhos, despojados, essenciais, se aproximam da linguagem rabiscada pelas crianças sem conhecimento teórico da arte de desenhar.

Uma vez, ao entrevistar Gê Orthof, repeti o senso comum e disse que Sylvia era, talvez, a mais satírica e divertida entre os autores brasileiros dedicados à infância. A reação foi rápida. "Satírica, não", observou ele. "Selvagem", corrigiu (Ramos, 2007, p. 4-5). "A escrita dela era selvagem, direta." Não só a escrita, mas as imagens que produzia para seus livros também eram assim. Diz-se que selvagens são os não domesticados, os que se guiam por poucas regras e podem até ser ferozes.

"Não seriam as crianças um pouco assim e será que não é essa capacidade de comunicação direta, esse fluxo imediato entre palavra e imagem, o que Orthof recupera em seus livros?". A pergunta sempre me vem à cabeça quando revejo muitos de seus livros – quando os desenhos são de autoria de Tato, seu segundo marido e parceiro em diversas obras, não sinto a mesma leveza, e considero que o apelo à brincadeira perde fôlego, pois o desenho adquire mais seriedade. É o caso de *Fada Fofa, Onça-fada*, livro iniciado pela autora e completado pelo marido após sua morte, cujas páginas alternam desenhos mais livres com outros mais carregados.

Vários dos livros de Sylvia, lançados por editoras de maior porte, como a Ática, foram ilustrados por ela, configurando aquilo que Salisbury chama de *authorstrators*, junção em inglês das palavras autor e ilustrador (SIPE; PANTALEO, 2008, p. 23). É o caso de *Maria-vai-com-as-outras* (1982), que conta a história da ovelha influenciável que apenas seguia suas companheiras. A autora, tanto no texto verbal como no visual, não apresenta qualquer intenção moral, menos ainda didática, de necessidade de ensinar algo às crianças.

Os desenhos ocupam livremente as páginas e, com traços simplificados, são, entretanto, potentes em sua carga afetiva. Quando a ovelha requebra, tendo o sol por testemunha, é um momento de casamento perfeito entre as regências visual e verbal. O problema é que o projeto gráfico de edições mais recentes não seguiu a liberdade pretendida por Sylvia. A que tenho em mãos, datada de 2008, traz na capa as ovelhas encarceradas por uma horrível moldura arredondada. Enquanto isso, no interior, as ilustrações seguem em ritmo veloz, quase pulando de uma página a outra, conforme havia desenhado a escritora.

Em Sylvia, a proposta é a do prazer, do lúdico, sem cair no risco de querer levar o pequeno leitor a acreditar em qualquer coisa mais séria. A única intenção da narrativa verbovisual parece ser a de levá-lo a uma viagem amalucada. Por isso, a capa do livro precisa acompanhar a ideia de ação, de humor e de velocidade que tão bem definem seu traço. Parecem rabiscos, mas não são. Deixam a impressão de inacabado, mas isso era pretendido.

Por se expressar de maneira direta, sem elaboração excessiva, os livros dela tendem a captar o leitor de maneira imediata a partir da capa. Ela fala como uma criança, o prazer de seus textos e imagens é equivalente ao de uma criança que brinca com o lápis e sai dando formas a coisas e seres. Quando escrevia na capa "textos e rabiscos de Sylvia Orthof" ou "Sylvia Orthof escreveu e rabiscou", o aviso já rompia parte da distância entre autor, ilustrador e leitor. Muito diferente de quando lemos, em algumas edições recentes, o tom mais sério contido em "história e ilustrações de Sylvia Orthof".

Filha de artistas, Sylvia, na juventude, estudou desenho e considerava-se uma desenhista. "Ela pensava rabiscando, fazendo colagens, desenhando", contou-me Gê em entrevista para a confecção deste texto. Quer dizer, sua percepção de mundo estava concentrada em uma abordagem visual, que se refletia na hora em que escrevia as histórias. Poderia, se desejasse, reelaborar os desenhos até uma ideia de perfeição, mas considerava isso contraproducente. "Ela queria uma expressão livre do desenho, feita por prazer e sem muitas regras", continuou Gê. E estava sempre aberta a novidades. *Jogando conversa fora* (1988) foi um dos primeiros livros infantis no país a ser publicado com desenhos feitos no computador, assinados pelo filho da autora.

Juntos, eles conquistaram alguns dos mais importantes prêmios da literatura infantil brasileira. Tudo porque conseguiram criar uma obra em que o texto e a imagem podem ser lidos separadamente, mas, lidos em conjunto, tornam a narrativa muito mais interessante. Em *A vaca Mimosa e a mosca Zenilda* (1982), as imagens conseguem imitar o balanço do rabo da vaca no ritmo do texto, traduzem em movimento o zum-zum perturbador da mosca, com um mimetismo delicioso. O livro ganhou o Prêmio Jabuti, foi considerado altamente recomendável pela Fundação Nacional do Livro Infantil e Juvenil e deu a Gê, muito jovem, o prêmio de melhor ilustrador do ano, concedido pela Associação Paulista de Críticos de Arte.

Quando assumia o desenho de suas produções, Sylvia usava técnicas variadas na hora de ilustrar. A colagem era seu instrumento preferido ao montar os livros para crianças. Podia recorrer a estratégias usadas para a criação de figurinos, algo que havia aprendido em Paris, onde estudou teatro, mímica, desenho e pintura no começo da década de 1950. Gostava de inserir roupas recortadas dentro do texto. As páginas apresentavam modos variados de ilustração, uma multiplicidade de meios de expressão, quase sempre com aparência anárquica.

Podia ilustrar as páginas de seus livros com anotações parecidas com as que deixamos na porta da geladeira, reproduzindo o ambiente familiar em que as crianças vivem. Não se importava de incluir nesses bilhetes autorreferências familiares, como o nome dos netos e o aviso de que era preciso consertar a vidraça. Ousadia maior, esboçava um quase autorretrato, inserido na entrada do livro em meio a essas anotações, como, por exemplo, em *Cabidelim, o doce monstrinho caótico* (1986).

Escrito e ilustrado por Sylvia, o livro é um convite ao leitor para que se divirta com a aparência e o comportamento de Cabidelim, que na imagem aqui reproduzida se encontra de costas no colo da ilustradora-narradora-personagem. Esqueça a ideia de acabamento de luxo, abandone a perspectiva de ver um desenho inúmeras vezes refeito. Pense em um esboço, rascunho, algo sendo elaborado.

O livro parece acabado de sair das mãos de uma criança sem domínio do desenho e, não custa lembrar, todos nós já passamos por essa fase. Acredito que é essa cumplicidade, esse recordar o ato primário que é o exercício de rabiscar, na maior parte das vezes com um apelo sem sentido, que atrai os leitores. Há nas ilustrações de Sylvia Orthof um desejo de instantaneidade, ela busca guardar a qualidade do momento, o fluxo livre e intenso entre o pensamento e o desenho, um anseio de frescor e um esforço para manter a espontaneidade.

No caso do doce monstrinho, ele parece ter sido desenhado por uma criança bem pequena. É disforme e tem os braços saindo das orelhas. A ilustradora transformou os braços em "ouvintes", eles escutam as falas dos outros e abraçam aqueles que falam, que necessitam de acolhimento. Cabidelim só tem um desejo: escutar, abraçar e dar carinho. De cara arredondada, nariz de batata e olhos "pestanudos", como explicava a autora, ele vive dentro de um armário de roupas. E socorre sua dona quando a vida dela se torna muito chata, com dívidas para pagar, unha encravada para tirar e vizinhos chatos para suportar.

Quando a porta do armário é aberta, aparecem roupas e sapatos, que lembram trajes de figurino de alguma peça teatral. Sylvia pesquisava sobre trajes sempre que ia escrever algum livro para crianças. Tinha muito ciúme de um exemplar da *Encyclopédie du costume* (1955), a ponto de escrever na primeira página: "Este livro eu não empresto!". Por mais que alguém lhe pedisse o precioso volume, não conseguia deixá-lo sair de casa. Vivia pesquisando sobre trajes de países distantes, observava o que as pessoas gostavam de usar e trazia tudo para dentro das páginas destinadas às crianças.

Era assim que se inspirava para imaginar a veste de seus personagens, fossem humanos ou fantásticos, como aqueles que tomam as páginas de *Fada Fofa e os 7 anjinhos* (2009), livro com "texto e rabiscos de Sylvia Orthof", conforme manteve a nova edição. Ela sabia que a roupa expressa muito do estado de espírito, do modo de ser de quem a usa e, por isso, se esmerava na composição das combinações. Exagerava nas cores e nos motivos, mas conseguia fazer com que a vestimenta dissesse muito sobre a personagem. No livro, dragões, árvores (a que abre o livro recorda o desenho do globo terrestre em movimento rotatório), anjos, fadas, pássaros, todos se vestem com estranho esmero. A riqueza do figurino das personagens é um dos traços que diferenciam seus livros daqueles ilustrados por Gê, Tato e Claudio Martins, que soube ilustrar *Galo, galo, não me calo* (1992) com riqueza parecida com a da autora, mas sem a inventividade do guarda-roupa da Fada Fofa.

No livro dos sete anjinhos, quando a Fada Fofa decide ir embora, a veste que usa é um exercício de cores e formas. A saia cinza tem pequenos retângulos e quadrados em cor marrom, pontuados por pinceladas brancas, feitas sempre em número par, como em um jogo matemático – quase um exercício vinculado à arte abstrato-geométrica. Muitas dessas estampas apresentam um "X" por cima, como se a ilustradora quisesse demonstrar que houve um erro na pintura.

A blusa de cor rosa é evasê, dando elegância à fada gorducha. Estrelas azuis espalham-se de maneira simétrica pelas mangas e pelo corpo da blusa. Os sapatos, o chapéu de fada (que lembra uma árvore de Natal), a sombrinha, a echarpe e a bolsinha de mão são em variados tons de verde. Da mesma cor é a maleta de viagem. E nela aparecem os nomes das cidades de Jacarepaguá, Guaxupé, Paris e Londres. Nesse momento o texto visual antecipa para o pequeno leitor a informação de que a Fada Fofa gosta de viajar por lugares muito diferentes, desde cidades brasileiras até duas capitais europeias.

Nessa história da Fada Fofa – que é personagem em outros livros, caracterizando uma série –, Sylvia inseriu grande quantidade de recursos visuais. Há o convite para que o leitor faça um desenho da fada e cole em uma página, assim como existe uma linha de notas musicais para orientar a leitura de uma cantiga de roda nordestina. Ela ainda redesenhou anjos barrocos e os deixou com a bunda nua, virada para o leitor, carregando uma faixa-estandarte com forma assemelhada a um peixe.

Fez uso recorrente dos balões comuns às histórias em quadrinhos, quando precisou dar voz a alguns personagens – o dragão não cospe fogo, é um balão que diz "cuspe de dragão é fogo". Aqui e ali, ao longo das 32 páginas do livro, inseriu brincadeiras autocríticas do tipo "acho que o ilustrador é preguiçoso" – em exercício de autorreferência. Em outro livro da série, *Fada Fofa em Paris* (2009), chegou a colocar uma foto do rosto de sua tia Hedy como sendo a cara da Fada Fofa e ainda

avisou que ela "muda sempre de visual". Há muita autocitação nos livros de Orthof. Ela inseria dados de sua vida real dentro das páginas, autoficcionalizando sua vida para as crianças, desde o bilhete em que anotava que precisava pagar a faculdade de Pedro (seu filho mais jovem), até a sua impressão digital.

Em *Fada Fofa e os 7 anjinhos*, diante de tantos desenhos e alternativas criadas para compor a narrativa visual, o leitor descobre que o ilustrador, no caso a ilustradora, era muito produtivo. O livro termina sendo uma brincadeira também sobre o ato de ilustrar, mas uma brincadeira indagadora sobre o futuro do livro infantil, ao vislumbrar questões que serão fundamentais na elaboração desse produto alguns anos depois.

Borboletando no céu,
uma fada bem idosa,
charmosa, apareceu.
Era Hedy, a francesa,
antiguidade famosa,
que beleza!

Pois Hedy viu e falou:
— Pra desencravar a gorducha
não adianta puxa e puxa!

10

"Ó pulga, não estás com nada?
Sapeca, ali na bunda
da Fofa, boa dentada!
Minha sobrinha, a Fofa,
parece tão gemebunda... Coitada!"

Dona Pulga obedeceu.
Do Triunfo, com a picada,
a Fofa se desprendeu!

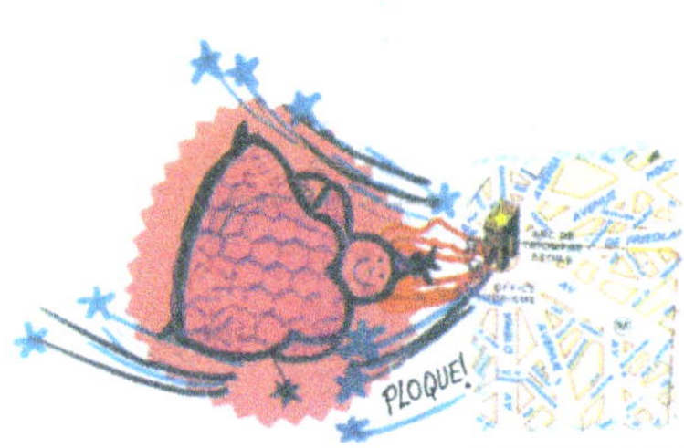

A obra de Sylvia está mais próxima do discurso de livros produzidos a partir do século 21 do que daqueles realizados em sua época.

Embora sempre tivesse sido atraída pelos livros da artista, só tomei consciência do quanto havia sido inovadora sua abordagem da narrativa visual quando, no começo dos anos 2000, entrei em contato com a obra de Lauren Child (1967). Ao folhear *Clarice Bean, That's Me* (1999), traduzido no Brasil por *Clarice Bean sou eu* (s.d.), a semelhança entre a proposta da autora inglesa e a de Orthof impressionaram. Ambas trabalham como se seus livros fossem "colagens caleidoscópicas" (LEHR, 2008, p. 166), expondo um mundo em caos. No caso de Orthof, o do imaginário, no de Child, o da vida familiar contemporânea.

As duas desenvolveram séries, Clarice, como a Fada Fofa, é estrela em várias histórias. Os desenhos e o texto de Child apresentam um mundo em desordem, a narrativa não apresenta linearidade, e várias histórias visuais pontuam as páginas simultaneamente – semelhante ao que ocorre com Orthof. Os livros ingleses também são produzidos com diversas mídias, que incluem recortes de revistas, colagens, fotografia, lápis e aquarela, numa profusão de recursos que recordam as propostas da autora brasileira.

No entanto, a maior semelhança entre as duas *authorstrators* reside no fato de o desenho de Child também reivindicar a ideia de espontaneidade e ser carregado de humor, como se ambas se esforçassem para desenhar paródias zombeteiras das propostas visuais, disciplinadas e muitas vezes retrabalhadas no desenho pela maioria dos autores e ilustradores de livros infantis. Orthof antecipa Child, considerada como uma autora que sabe dotar seus livros de algumas das principais características do livro ilustrado pós-moderno, como o jogo, a ironia, a paródia e a autorreferência em relação a obras anteriores da literatura infantil. Falaremos sobre elas a seguir.

Tenho um irmão
mais novo,
o Grilo Falante
Como tenho que dividir meu quarto com ele, fiz uma linha bem no meio.
Se ele encostar o
dedão do pé
no meu lado,
ai dele!
Eu gosto de paz e sossego, mas
no meu quarto é impossível.
Estou sempre correndo por aí.
Meu quarto é pequeno,
cheio de coisas amontoadas.
Gosto de ter um montão de coisas.
Nunca se sabe – de repente
posso precisar.

Um diálogo entre diferentes

A cabeça dos homens é um pequeno mundo?
Quantos mundos me separam da imagem do mundo?
Joan Brossa, *A jaula da linguagem*

Ao reforçarem a gramática em que palavras e imagens complementam-se no tempo da leitura, alguns livros infantis contemporâneos compõem espécie de "poema visual". Em *Carvoeirinhos* (2010), uma das páginas duplas foi elaborada como metáfora sinestésica, de modo a propor uma experiência tátil e visual com o fogo. Em papel mais fino que o das outras páginas, formas de labaredas foram recortadas e coloridas do preto ao laranja, passando pelo vermelho e o rosa choque. São tão benfeitas que chegam a provocar sensação de ardência nas mãos e olhos de quem as manuseia. É a imagem do fogo, mas somos levados pelas palavras a pensar que se trata mesmo de "brasa chama fagulha, chama faísca, flama, língua, labareda, incêndio, fogaréu".

O livro narra o encontro de um marimbondo e um menino e termina por denunciar o trabalho infantil em fornos de carvão. Roger Mello é o autor do texto e das ilustrações. Nascido em 1965, em Brasília, ele é um dos talentos da literatura infantil brasileira do século 21. O breve perfil resume a trajetória: recebeu oito vezes o prêmio Jabuti, é *hors-concours* nos prêmios da Fundação Nacional do Livro Infantil e Juvenil (FNLIJ) e em 2002 ganhou o prêmio suíço Espace-Enfants, pelo livro *Meninos do mangue* (2001). Foi ainda indicado para o mais

FOGO
Não vou falar sobre o fogo.
O fogo tá bem crescidinho, ele que fale por si:
brasa chama fagulha, chama faísca, flama,
língua, labareda, incêndio, fogaréu.
Um tamanduá pegando fogo foge de si.
Quer saber? O fogo tá bem crescidinho,
ele que se espalhe sozinho.

prestigiado prêmio internacional de ilustração, o Hans Christian Andersen, com *Carvoeirinhos*, na edição de 2010.

A expressão "poema visual" foi criada pelo ilustrador Maurice Sendak para descrever o fenômeno dos *picturebooks* ou livros-álbuns (SALISBURY, 2005, p. 75), conceito de livro infantil que provocou transformações na forma de produção desse produto cultural. Essa expressão pode ser ampliada para um grande número de títulos elaborados para a infância, que são herdeiros desse modelo, em que prevalece a interconexão palavra-imagem, e grande importância é atribuída à ilustração e ao *design* gráfico. É o caso dos livros de Mello, que começou a carreira ilustrando textos de outros autores para, depois, assumir sozinho a autoria de várias obras, adquirindo identidade visual caracterizada pelo esmero da ilustração e a inventividade do objeto livro.

Suas obras apresentam, no conteúdo verbal, um recorte lírico, distanciado do padrão irônico ou dos recursos de humor que caracterizam grande parte da literatura infantil da atualidade. A dicção de seus textos e o tratamento da imagem sugerem a delicadeza com que o livro e a criança são tratados: como participantes de um instante poético. Por outro lado, nas estruturas desses livros, podem ser identificados muitos recursos atrelados à produção pós-moderna da literatura infantil. Leia-se pós-moderno como um dos termos utilizados para caracterizar a mentalidade e o gosto reinantes na cultura contemporânea, assim definida a partir de meados da década de 1950.

Com a ajuda de Sipe e Pantaleo (2008), destaco algumas das peculiaridades do livro destinado a crianças na atualidade: as variações no *design* – no interior do livro ocorrem diferenças de tratamento no formato das páginas; o abandono da cronologia linear, a história não tem mais uma linha de tempo organizada; a intertextualidade, que é a referência a outros textos; o jogo, em que o leitor é convidado a ler o livro como um quebra-cabeça; a multiplicidade de significados, que permite a escolha de vários caminhos para compreender a obra, criando diferentes públicos para ela; e a quebra de fronteiras entre cultura popular e alta.

Dos livros de Mello tenho especial predileção por *João por um fio*, lançado em 2005. Feito com um mínimo de recursos, ele se torna um álbum de curiosidades. E essa ideia está presente desde a apresentação.

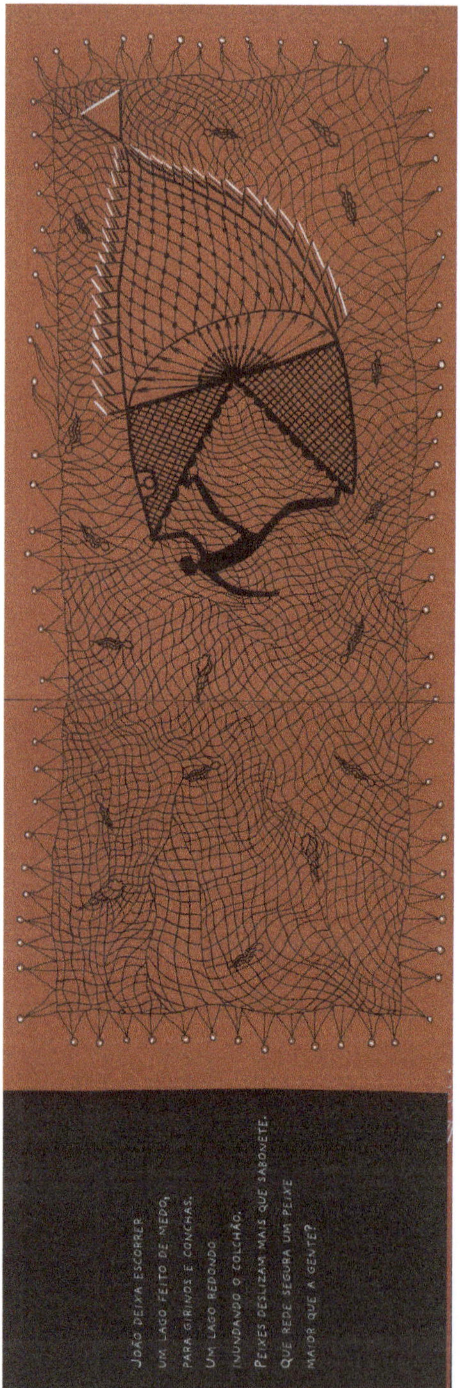

Em formato paisagem, é feito em capa dura e lembra antigos álbuns de fotografias. Apenas três cores são utilizadas – vermelho, branco e preto. O elemento construtor da ilustração é o desenho, feito a partir de linhas leves. O texto verbal pode aparecer em branco ou preto, ao lado ou embaixo das imagens, com a escolha de um único tipo de letra. Mas nunca o texto aparece sobreposto ao desenho, o que facilita a edição caso o livro seja traduzido para outro idioma.

No passar das páginas desenrola-se um trajeto visual que possibilitará ao pequeno leitor construir o sentido da história do fio, que, da colcha de renda, se transforma em um manto de palavras. Ou será que é uma rede de pesca, que cobre/descobre uma criança em algum lugar remoto? O tema do fio e da palavra não é novo, já vimos outros exemplos desse motivo em capítulos anteriores. O que chama a atenção, nesse caso, é a abordagem: o fio transforma-se em colcha, sugerindo ser também o afeto, a palavra que afasta o medo, e pode ser ainda a cantiga de ninar com que a criança costura o mundo e os sonhos, em sua cama, antes de dormir.

Texto e imagem falam, portanto, metaforicamente, sobre o medo. Referem-se a um momento que pode ser delicado para muitas crianças: aquele em que, após o beijo de boa-noite de quem delas cuida, o menino ou a menina fica só na cama. E muita coisa pode acontecer com o fio da imaginação. Basta puxá-lo. É essa a sensação que o livro fornece no desdobrar da narrativa. Livro sem um final definitivo, obra em aberto, o texto verbal permite incentivar o leitor a criar outra narrativa após a leitura.

No que se refere às ilustrações, o autor usou uma estratégia de esconde-esconde. O quarto e o móvel cama não aparecem em nenhum momento, sendo a forma como a colcha está estendida pelas páginas articulada com as palavras, o que conduz o leitor a pensar sobre o instante antes de dormir e a identificar conhecidas sensações. Até o famoso xixi na cama transforma-se em um lago de girinos e conchas, "inundando o colchão", cuja imagem também inexiste. É uma renda pontuada de pequenos desenhos que dará a sugestão da imagem.

Se, como foi observado, a linguagem verbal expressa lirismo, um quase poema que usa a estratégia da indagação, o jogo proposto pelas imagens se ancora na ironia, entendida da maneira mais corriqueira, como o dizer alguma coisa com a intenção contrária à pretendida. A renda, feita de vazios e cheios, de pontos e linhas, de luzes e sombras – veja que essas questões, inerentes às artes visuais, estão refletidas no desenho –, pouco protege o corpo de uma criança à noite, embora seja bela. E ela simboliza a colcha, o lençol que cobre e descobre João.

O fio transforma-se de maneira constante, realiza composições variadas. São bordados em formato de carrinhos, de peixinhos que nadam entre as tramas, de formas geométricas, ou de figuras humanas. Consegue até virar um peixe de grande tamanho, monstro furioso que deseja engolir João, para isso rompe a renda-colcha e só volta a aparecer ao final do livro. A imagem recorda a história tradicional de Jonas sendo engolido pela baleia. Mais manso, reaparece como objeto, pois, nos efeitos obtidos pelo planejamento gráfico, ele vira um marcador de página recortado no formato do animal.

Marcadores de página seguem padrões internacionais, normalmente são feitos de papel e em formato retangular. Ou são delicadas fitas em seda ou cetim presas ao livro. No caso da narrativa que João protagoniza, entretanto, está seguro por um barbante, que simula linha de pescar, o que nos leva a pensar que o desenho da renda poderia ser entendido também como uma rede de pesca.

No processo de fiar-desfiar da colcha de renda, que é o fio da vida, desenrolam-se aventuras imaginárias, pode ocorrer até deslocamento de montes. Da capa à contracapa, passando pelas folhas de guarda (aquelas que abrem e fecham o livro), o volume se faz com imagens inspiradas nas rendas artesanais. O autor recupera a tradicional manifestação cultural para retrabalhá-la em outra linguagem artística. Podemos dizer que exerce um diálogo intertextual com uma expressão da cultura popular brasileira, cria um texto a partir de outro.

Na página em que o texto verbal diz: "no fio de uma cantiga de ninar", as linhas tramam uma dança circular, em que os dançarinos se vestem à moda dos Andes e seguram o mesmo fio que João prende à mão. Não seria possível imaginar tal vinculação geográfica sem as imagens e as palavras iniciais da dedicatória destinada às crianças da Ilha de Uros, no Lago Titicaca (Peru). O desenho mostra que elas passeiam de barco, o que nos induz a pensar na pesca e na rede para capturar peixes. É esse um dos jogos sugeridos, o da associação dos detalhes, que faz o leitor voltar ao que leu para dar sentido ao que a imagem fala.

O livro está pensado como um objeto de arte em que palavra e imagem têm peso equilibrado, embora ocupem espaços físicos diferenciados. As palavras são usadas quase sempre em frases curtas. E elas são mais bem compreendidas quando vemos as ilustrações, que trazem novas informações ao texto verbal. Já as imagens, embora dominem as páginas, ainda precisam das palavras para serem mais bem entendidas. Relação complexa se estabelece entre os dois códigos, mostrando a interdependência entre palavras e ilustrações.

No jogo sequencial das imagens propostas por Mello, os desenhos mudam a todo momento de posição: podem ocupar mais o lado par, depois, o ímpar. Ou os dois juntos, naquela que é conhecida como página dupla. Isso termina por estabelecer um ritmo visual dinâmico ao livro, em que o leitor espera o desenrolar da história quase como se fosse um filme. Se passarmos as páginas rapidamente, o jogo entre as ilustrações e as cores sugere recortes de um sonho.

As diferentes formas com que as palavras, as imagens e o *design* interagem para dar sentido ao narrado no livro infantil contemporâneo levaram teóricos a afirmar que essa dinâmica "multimodal" é peculiar, exclusiva da literatura infantil, não tendo equivalente na literatura adulta (Arizpe; Styles, 2003, p. 21). Tal riqueza na articulação dos três elementos tem sido aperfeiçoada a ponto de os livros infantis irem muito além do que ocorre com as novelas gráficas, os quadrinhos, por exemplo, que tradicionalmente se utilizaram da mesma estratégia. Isso significa que as obras destinadas a crianças elaboraram melhor os vínculos entre as diferentes linguagens.

Como vimos anteriormente, os povos de língua inglesa denominaram *picturebook* esse tipo de produto, em que a imagem e a interação dela com a palavra adquirem grande poder. Os países de tradição hispânica traduzem o termo por livro-álbum. A expressão em inglês carrega enorme força de significação e busca dar conta de explicar o que ocorre com esse tipo de livro, que enfatiza a relação superposta palavra-imagem e utiliza estratégias tão variadas em sua concepção.

A palavra *picture* tem vários sinônimos: quadro, pintura, desenho, fotografia, filme, imagem. Então, *picturebook* pode significar livro (*book*) de imagens (*picture*), como é geralmente traduzido no Brasil. Mas *picture*, além de remeter ao verbo imaginar, também pode ser entendido como sendo "conjuntura" (Collins, 2006, p. 183). Gosto muito de pensar a partir desse último sentido, pois conjuntura dá ideia de conjunto, de união de elementos interagindo em diálogo. Portanto, podemos entender *picturebook* como livro que resulta da soma integrada de vários elementos.

No mundo hispânico, a palavra álbum significa livro cujas folhas são preenchidas pela junção de fotos, estampas, assinaturas, trechos de versos e anotações, conforme ensina o *Dicionário da Real Academia Espanhola* (1992). Portanto, resulta da reunião de um conjunto de coisas que terminam por contar a história de uma vida, objetos que interligados compõem a narrativa individual do dono do álbum. A tradução espanhola conseguiu captar perfeitamente a diversidade do conceito inglês, ainda mais que, nos últimos anos, cresce o número de produtos que se orientam pelo conceito de livro-álbum e também incluem objetos que podem ser destacados pelo leitor, caso do marcador de páginas de *João por um fio*.

No Brasil, a prática é chamar de "livro-imagem" ou "livro de imagens" aqueles feitos exclusivamente com ilustrações, caso de *Selvagem* (2010), também de Roger Mello. O livro conta a divertida história do silêncio habitado por um tigre, cujas almofadas nas patas disfarçam o ruído de sua aproximação, narrativa apenas visual que joga com a ideia de real e irreal. No caso das obras sem palavra, o termo brasileiro "livro-imagem" é adequado, e seu uso deveria, inclusive, ser disseminado, para facilitar a difusão desse tipo de livro, objeto de análise detalhada no próximo capítulo.

Observo, no entanto, que em relação ao formato editorial em que a palavra e a imagem se fazem presentes, o mais comum no Brasil é o uso da expressão "livro ilustrado". Ela é usada, de maneira geral, para qualquer livro que contenha ilustrações, e essa abrangência não dá conta de significar o conceito embutido em *picturebook* ou livro-álbum, termo que também pode ser traduzido por álbum ilustrado.

Mais recentemente, estudos literários passaram a optar pelo termo "livro infantil contemporâneo". No caso, "contemporâneo" tenta dar conta dessa relação específica entre imagem/palavra. Ocorre que, por uma questão cultural, tendemos a ler a palavra em sua acepção primeira, referindo-se ao tempo histórico presente, e nem todo livro feito na atualidade segue o critério dos *picturebooks*.

Começa a ser observada também a disseminação do termo livro-ilustrado para designar o *picturebook*. A expressão também me parece insuficiente para abranger o fenômeno da interdependência entre palavra e imagem, na medida em que apenas o hífen aglutinador não resume a relação intricada que se estabelece no interior desses livros. Esse jogo tende a ser cada vez mais elaborado, diante das mudanças que estão ocorrendo nas formas narrativas e do aperfeiçoamento tecnológico das indústrias da informática e gráfica.

Há ainda, no Brasil, a sugestão de chamar esse produto de "livro interacional" (Lemos, 2009, p. 101). A expressão é correta ao evidenciar o dinamismo das interações entre os textos verbal e visual, mas pode levar à ideia de que o livro tem jogos interativos que podem ser manipulados pelo leitor, e nem todos os livros infantis trazem esse recurso. Lewis

(2001) propõe o termo ecologia para explicar a dinâmica estabelecida nesses livros, composta por um sistema interconectado de elementos. Chega a falar no livro como um tipo de ecossistema em miniatura, em que são enfatizadas a interdependência e a interanimação entre palavras e imagens.

De maneira a facilitar o percurso da leitura, relembro que todo livro-álbum é um livro ilustrado, mas nem todo livro ilustrado é um livro-álbum. Podemos visualizar melhor a questão conceitual com o exemplo de outra versão de *Alice no País das Maravilhas* (2010). A história recebeu adaptação de Ligia Cademartori e ilustrações de Marília Pirillo. O início dos capítulos foi reforçado com letras capitulares bem realçadas, de onde saem engraçados desenhos dos personagens. Em uma das páginas duplas, podemos sentir o desconforto de Alice dentro da casa do Coelho, ela está muito apertada ali. A ilustradora apostou no humor e apresenta ainda uma grande surpresa: a protagonista é morena. Assemelha-se à menina Alice Liddell, que inspirou a história e tinha cabelos castanhos e bem curtos.

Exemplo de edição criteriosa, essa versão contemporânea do livro de Lewis Carroll não caracteriza um livro-álbum, pois as ilustrações não realizam um jogo sequencial interligado às palavras definidor do sentido da obra. Não ocorre entre palavras e imagens uma relação, como diz Salisbury (2005, p. 7), "complexa e sutil". As ilustrações reforçam o texto, mas, a rigor, são dispensáveis na história. As palavras podem estabelecer, sozinhas, todo o andamento do enredo. Os desenhos colaboram apenas para tornar mais bela a edição, possibilitar voos imaginativos ao leitor e instigá-lo a visualizar novas imagens. Não é pouca coisa, sabemos, mas não define o caminho da leitura.

É o fato de ser feito com uma sequência de imagens de caráter "essencial" que caracteriza o *picturebook* ou livro-álbum. Com o avanço das ilustrações nas páginas e o estabelecimento dessa dinâmica de conexões, a crítica sofisticou suas formas de interpretação sobre o livro infantil e passou a convencionar que, ao falar de um livro que integra palavras e imagens, está tratando de dois tipos de textos, o verbal e o visual, o que desde o começo de nossa conversa vem sendo adotado.

Segundo Teresa Durán (2005), é essa especialidade, a complexidade da elaboração da imagem em conexão com as palavras, que faz com que a ilustração feita hoje em dia se torne uma modalidade autônoma de arte. Em uma leitura tradicional, as expressões artísticas são divididas entre espaciais e temporais.[3] As primeiras são aquelas que não requerem um desenvolvimento no tempo para existir – caso da pintura, escultura, desenho e fotografia, enfim, das artes visuais.

A ilustração tradicional, que não necessitava desse intricado jogo sequencial conectado ao texto verbal, podia ser entendida como uma expressão espacial. As artes temporais são aquelas que se processam no tempo – como a poesia, a música e a literatura. A dança, o cinema e o teatro são considerados exemplos de artes mistas, se desenvolvem no tempo e são também representações realizadas no espaço. O mesmo ocorre com a ilustração contemporânea, pois ela está

> [...] instalada exatamente no cruzamento das artes temporais (a música, a poesia, a narrativa, etc.) e das artes espaciais (a fotografia, a pintura, a gravura...), para transformar o livro, especialmente no caso do livro infantil, em um relato completo e compacto, com uns leitores objetivos claros e detalhados (Durán, 2005).

No momento em que acompanha ilustrações, conjunto de desenhos que compõem uma narrativa, o leitor está diante de duas dimensões simultâneas e equivalentes: espacial e temporal. Isso ocorre, ainda conforme Durán, porque a ilustração, "do ponto de vista da técnica empregada pelo ilustrador (o emissor), trata-se de uma arte espacial. Mas do ponto de vista do leitor (o receptor), é uma arte temporal". Ela se dá no espaço, mas também se constrói no tempo da leitura. É o leitor quem decidirá se vai aceitar elaborar essa relação. E as crianças, por terem grande familiaridade com as imagens, tendem a fazer essa junção muito rapidamente.

Se você folhear as páginas de um livro dedicado a crianças, publicado no Brasil nos últimos 20 anos, um dos primeiros exercícios que poderá fazer, para melhor compreender o papel da imagem na história narrada, é tentar analisar a importância do jogo sequencial de imagens para a compreensão da narrativa verbal. Pode não parecer, mas um livro

[3] O olhar contemporâneo sobre as expressões artísticas é mais flexível e diz que as dimensões espacial e temporal são permeáveis em qualquer expressão artística, podendo ser mais ou menos dominantes em uma obra de arte.

infantil hoje resulta em um objeto muito complexo, que conseguiremos ler melhor a partir da compreensão desses conceitos.

Observe *Raposa*, dos australianos Margaret Wild e Ron Brooks (2005). Sinta já na capa o calor que a mistura das cores vermelho e dourado produz. Os olhos do animal brilham tanto que parecem animados. É só efeito do jogo de luzes e sombras e da textura escolhida para dar vida aos olhos, que é mais densa. Em formato quadrado, a conjugação das imagens e das palavras em seu interior estabelece "relações de complementaridade" (Cunha, 2009, p. 169), que permitem a expansão do código verbal e também do visual.

Na primeira página, dupla, a floresta parece pegar fogo. Na próxima, o texto verbal apresenta os autores, e o visual mostra um cão segurando à boca uma ave, cuja cor, preta, se destaca. As orelhas do cão parecem duplicadas pela ação do vento. O leitor está apresentado a todos os personagens da história: Raposa, Cão e Gralha. O texto visual funciona como escritura, pois só mais tarde o texto verbal irá identificar os protagonistas da história.

As ilustrações impressionam pela sugestão de movimento, dando rapidez às cenas. Na página dupla, destinada à apresentação da ficha bibliográfica e inserção das dedicatórias, encontra-se um jogo sequencial de imagens no qual temos a sensação de estar assistindo a uma corrida em que Raposa persegue os outros dois personagens. No canto superior interno da página par, aparece Raposa em movimento descendente, com as quatro patas soltas no ar, pronta para uma caçada. Quase saindo do limite inferior da página ímpar, encontramos Cão segurando Gralha. Ele plaina sobre a relva, correndo ereto, determinado, como se desejasse chegar à próxima página em busca de lugar seguro.

Se observarmos tais imagens, poderemos ver que a posição dos desenhos nessa sequência enfatiza o uso da linha diagonal. Durante o período barroco, o uso da diagonal contribuía para expor as contradições do homem dividido entre o celeste e o terreno, exposto que estava aos dilemas de uma época imersa em dualidades. Nesse livro contemporâneo, a diagonal é recurso utilizado para conduzir o olhar à ideia de intenso movimento no espaço e sugerir a representação de um conflito iminente entre Raposa e Cão. Eles se revelarão adversários quanto à maneira de ver e se relacionar com o outro, no caso, Gralha.

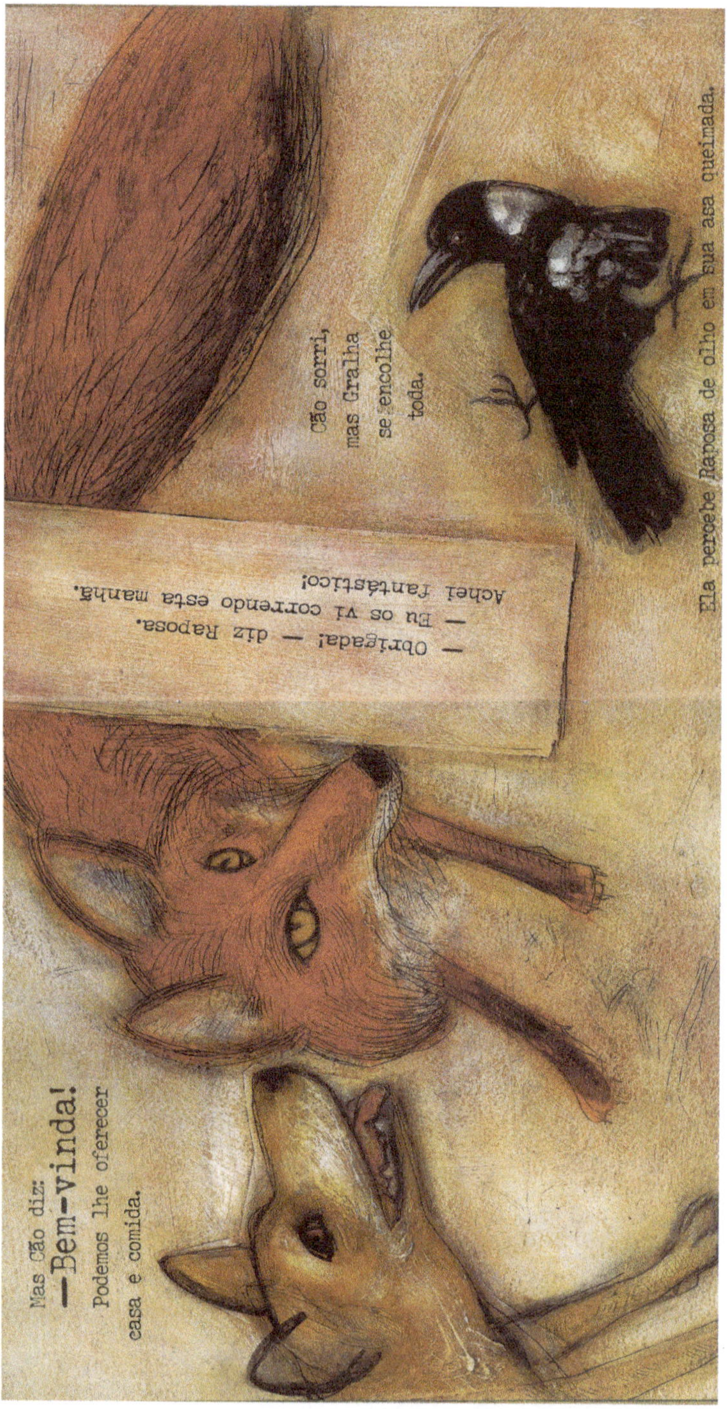
Mas Cão diz:
—Bem-vinda!
Podemos lhe oferecer
casa e comida.
— Obrigada! — diz Raposa.
— Eu os vi correndo esta manhã.
Achei fantástico!
Cão sorri,
mas Gralha
se encolhe
toda.
Ela percebe Raposa de olho em sua asa queimada.

Quer dizer: a história começou. A capa e as páginas introdutórias, que no livro tradicional contêm apenas informações técnicas, já veiculam essas imagens antes de o texto começar a detalhar os fatos. Se olharmos só as imagens iniciais, poderemos pensar que Cão abocanha Gralha para comê-la. A ilustração sugere que não são amigos, mas o texto verbal desmentirá essa leitura apressada do texto visual, pois, afinal, segundo Salisbury (2007, p. 9), "em um álbum ilustrado, nem as palavras, nem as imagens teriam sentido se fossem percebidas em separado".

Durante todo o livro, que tem 36 páginas, os textos verbal e visual se intercomunicam, e o *design* altera a posição do primeiro. As palavras podem estar acima ou na parte de baixo do livro, na posição lateral, forçando o leitor a mudar a maneira de ler a obra. O tamanho das letras também se altera. Quando é preciso enfatizar uma palavra ou sentença, a imagem delas ganha mais espaço, fica destacada das outras.

De maneira geral, quando direcionado para crianças menores, o livro-álbum tem, no máximo, 32 páginas, recorrendo de maneira constante ao uso de páginas duplas, às vezes, de maneira sucessiva, para dar maior aproveitamento ao jogo de imagens. Também faz uso normalmente da linguagem direta, sucinta. Em *Raposa*, no entanto, as sentenças são um pouco mais longas, mais estruturadas.

Livro que lida com os temas lealdade, amizade, risco e traição, *Raposa* recebeu alguns dos mais importantes prêmios internacionais de ilustração e projeto gráfico. Do começo ao fim, a contracapa, inclusive, está pensado para seduzir pelas imagens abertas em grande tamanho, com forte sugestão de movimento. A história tem um bom enredo, mas são as ilustrações, a forma como conversam com o texto, que o tornam quase sinestésico, provocando outros sentidos além da visão e da audição (caso lido em voz alta). Quando o texto verbal diz "e à noite, seu cheiro parece penetrar na caverna – cheiro de raiva, inveja e solidão", referindo-se à Raposa, o pequeno leitor é apresentado a uma imagem nebulosa, sendo levado a imaginar que dela saem os piores odores.

A prática editorial nacional e internacional consagra que, normalmente, o livro-álbum é produto destinado a crianças ainda muito pequenas – entre três e sete anos de idade –, devido à maior vinculação delas à linguagem visual e à pequena extensão dada ao texto verbal. *Gabriel* (2008), de Ilan Brenman e Silvana Rando, se encaixa nessa categoria. Em 24 páginas, o livro explora a inquietação do menino que adora tocar em tudo. A primeira imagem mostra o garoto em cima de uma escada improvisada com livros e com a cabeça enfiada dentro de um baú de brinquedos. Próximo dele, o texto verbal coloca uma questão: se ele pode mexer em todas as coisas que vê.

As imagens a seguir, sempre em quadros isolados, apresentam situações e personagens perigosos, sempre com certo tom de humor e exagero. Apenas uma frase está colocada abaixo de cada imagem, o que reforça a indagação sobre os limites entre o ver e o tocar. Exemplifico: o texto visual mostra o menino subindo em uma escada, em cuja ponta está um passarinho, e ela se aproxima da orelha de um homem dormindo. O texto verbal funciona para reiterar a questão inicial (se ele pode mexer...) com uma pergunta referente à imagem e escrita em apenas uma linha, colocada abaixo do desenho, em uma posição menos relevante que a da imagem. A frase indaga: "na orelha de um gigante?".

Diferente da economia verbal de *Gabriel*, muitos livros direcionados a um público de mais idade, cujos textos são um pouco mais longos, se enquadram na conceituação de álbum ilustrado, caso da obra de Wild e Brooks, e também de *João por um fio*, de Roger Mello. Isso mostra que o conceito ganha adeptos em diferentes faixas etárias. Talvez, o mais provável seja que os leitores com mais de sete anos desenvolvam também certa curiosidade sobre a estratégia de confecção de um livro--álbum, examinando seu princípio de edição. Além de ler a narrativa, o objeto livro poderá despertar a curiosidade para a sua elaboração devido à multiplicidade de efeitos utilizados, como ocorre em *Carvoeirinhos*.

Livros paradidáticos também são produzidos sob o conceito de livro-álbum, como *Um redondo pode ser quadrado*, de Canini (2007), em que a criança aprende, brincando, sobre o círculo, a forma redonda que, no entanto, consegue virar um quadrado. Muitos teóricos já se debruçaram sobre o fato de o livro-álbum ser um instrumento ideológico importante para a transmissão de valores culturais. Ocorreu o mesmo no passado, com as fábulas, que traziam ensinamentos morais. A questão agora é que nos livros da atualidade muitas vezes essa transmissão de valores se faz por meio da imagem.

NA ORELHA DE UM GIGANTE?

Mesmo uma autora como Laura Child, cujo universo imaginário é dos mais ricos e divertidos, termina por ensinar que antes de dormir é necessário tomar banho e escovar os dentes, beber leite e colocar um pijama. O texto não fala isso claramente, induz o leitor no meio da história narrada a refletir sobre tais ações. São as imagens que reforçam esse caráter pedagógico. Em *Eu não quero dormir agora* (2009), obra em que a autora apresenta os personagens Charlie e Lola, é possível localizar um exemplo desse viés que mistura a ficção com o real.

Na hora difícil em que o menino só um pouco mais velho tenta fazer a menina ir para a cama e determina que ela deverá escovar os dentes, a pequena inventa uma louca história sobre um leão que pegou sua escova de dentes. Aparece uma imagem, que evoca a linguagem publicitária, de uma escova e de uma pasta de dentes. Está em tamanho grande e traz escrito: "cara feliz – creme dental". O mesmo ocorre na hora do banho, com a imagem destacada da espuma "Banho de gato" e da esponja que limparão seu corpo.

A entrada em cena desses produtos, que parecem colagens recortadas de propagandas e transformadas pela autora, não rompe a sequência de páginas, embora estejam destacados das demais ilustrações. Eles integram a narrativa visual sem perda de qualidade. Aqueles que refletem sobre o tema dizem que o mais complicado, em termos de texto visual, é o "drama da virada da página". Isto é, a manutenção do interesse na sequência das imagens de forma a não perder o ritmo da narrativa. Essa dificuldade quanto ao movimento e ao ritmo deve-se ao fato de as imagens em um livro-álbum funcionarem como se, ao passar a página, acompanhássemos um filme. "Uma sequência de imagens é como uma pantomima", explica Shulevitz (1985, p. 18) no livro em que ensina a arte dos *picturebooks*.

Aprendemos que uma pantomima é tipo de comédia baseada, de maneira geral, em um conto de fadas. Nela, o personagem principal divide a cena com um ator travestido de mulher, e outro, que representa o vilão. Assistir a uma pantomima é uma grande diversão, porque nela os gestos dos atores tornam-se caricatos e exagerados. Movimentam-se muito durante as cenas, e as palavras quase não são usadas. Outro diferencial nesse tipo de encenação, na maior parte das vezes dirigida a crianças, é que o público é provocado a participar, normalmente avisando os supostos heróis dos perigos que se aproximam. A interação do público é parte fundamental da obra.

Nas 16 páginas de *A vaca Rebeca* (2009), de Regina Siguemoto e Martinez, o pequeno leitor verá nascer esse desejo de avisar o protagonista do perigo que se avizinha. Sim, o texto é bastante simples, mas, com a colaboração das imagens, o livro adquire sentido mais intricado. Rebeca ganha uma cueca na loteca, mas deseja uma boneca. Aparece Zeca, dragão com dentes imensos e nariz dos mais abertos, como se estivesse fuçando algo para comer. São as imagens hilárias que sugerem isso. No desdobrar da página descobrimos, sob o olhar assustado de Rebeca (novamente é o desenho que demonstra o desconforto dela), que ele apenas deseja trocar a cueca... por uma boneca. Indicado para crianças a partir dos seis anos, a história ficaria mais elaborada ainda se a palavra vaca tivesse sido abolida da capa. O desenho é que iria sugerir ser ela, Rebeca, um animal.

– REBECA!
QUER TROCAR SUA CUECA...
13

De maneira geral, em livros ilustrados, as imagens desenhadas tendem a concordar ou ampliar o dito com as palavras. Reforçam, assim, muitas funções atribuídas à ilustração sem causar grande esforço de elucidação. Quem trabalha cotidianamente com o tema reconhece essas atribuições, muitas vezes superpostas (Camargo, 2003): desde a já citada capacidade de elucidar aspectos da história que está sendo contada, passando pela possibilidade de detalhar a aparência de personagens, criar formas de pontuação para o texto, expor sentimentos e ajudar a dramatizar conflitos ao expor a complexidade dos personagens.

De posse de *Cadê o juízo*, de Tino Freitas, percebemos que é o belo texto visual de Mariana Massarani que simboliza e concretiza toda a confusão criada pelo menino, que penteia o cabelo com a escova de dentes, sai de casa para a escola de pijama, tem o juízo escondido na mochila e assiste às aulas plantando bananeira. As ilustrações e as palavras dialogam, mas o leitor é poupado de ter que avaliar com mais cuidado as imagens, porque elas estão consonantes com o texto.

No caso de muitos livros-álbuns, as imagens tendem a reforçar as funções da ilustração por um viés divergente da história narrada pelo texto verbal. Quando a relação se estabelece por essa via da contradição, produz tensão, pois o texto verbal diz uma coisa, e o visual, outra. Tudo porque, em jogo irônico, a imagem desmonta o que as palavras buscam exprimir. Esse desacordo exige mais atenção à leitura do livro para que possa ser entendido a partir de dois caminhos contrastantes.

Quando lemos o livro *Os olhos que não queriam dormir*, de Maria Antônia Ramos Coutinho, com desenhos de Igor Balbachevsky, elaborado em 1990, descobrimos que os textos verbal e visual concordam entre si. O menino desejava dormir, seus olhos teimavam em ficar abertos. Cansado, o garoto pede à mãe que lhe conte algo para ver se eles, os olhos, ficam quietos. A mãe inventa uma história sobre barcos e, aos poucos, o sono se instala. Lemos o livro sem precisar fazer grande esforço para casar as imagens com as palavras, pois as primeiras detalham o que é contado pela mãe.

Em *Não vou dormir* (2007), de Christiane Gribel e Orlando, as estratégias de leitura terão que ser mais sofisticadas. A personagem, menina de cabelos vermelhos e olhos rasgados, faz força para não dormir, diz que vai ficar bem acordada na cama, e as imagens a levam, de mansinho,

Não tô com sono.

para o mundo dos sonhos, sugerindo gostosa noite de sono. Aos poucos, as pálpebras da garota vão caindo. O número de cores nas páginas vai sendo reduzido, como ocorre no início da noite. O enquadramento das imagens se torna mais restrito, e a penumbra da noite se estabelece de maneira intensa. E ela, garota teimosa, continua dizendo que está sem sono. O texto verbal nega o visual, e o leitor só terá a chave para interpretar a questão se reuni-los e sintetizá-los.

Também leitora da obra, Cademartori observa ser o livro "um bom exemplo da discrepância entre os textos linguístico e icônico para configurar a situação narrativa" (2008, p. 84). Os autores escolheram o caminho da ironia para narrar o conflito da garota entre a chegada do sono e o seu desejo de permanecer acordada. A imagem, embora desdiga o verbal, exibe exatamente o que se passa com a criança. O leitor precisa acostumar-se aos dois tipos de linguagem, o proposto pelo texto e aquele expresso pelas ilustrações, e estabelecer uma relação de diálogo entre os códigos, para assim acompanhar a narrativa.

Nas páginas, o lugar espacial ocupado pelas frases é muito pequeno. As imagens dominam o espaço e têm início com a menina se encaminhando para o quarto, subindo escadas, escovando os dentes e brigando contra o sono, já instalada no quarto. Quando seus olhinhos se fecham, apenas tiras de imagens aparecem, sugerindo o pouco que vemos nesse momento. Em seguida, tudo fica escuro, sinal de que os olhos já não podem ver. Páginas depois, aparece apenas um detalhe da menina entregue ao travesseiro. O discurso da pequena guerreira foi vencido pela força das imagens.

Esse caráter bem-humorado da ilustração tem sido muito explorado nos álbuns ilustrados contemporâneos, como veremos adiante. Logicamente, para ser coerente com o método que estabeleci, não poderia deixar de apresentar mais uma história de patos. Em *Todos os patinhos* (2009), Christian Duda e Julia Friese revisitam a história de Hans Andersen e também se apropriam do imaginário do personagem lobo mau, aquele que assusta tantas crianças desde os primórdios da literatura infantil.

De posse dessas antigas/novas personagens, contam a história de um encontro inusitado entre um lobo e um pato, que dará origem a um bando de patos. Quando o lobo, chamado Conrado, imagina a delícia

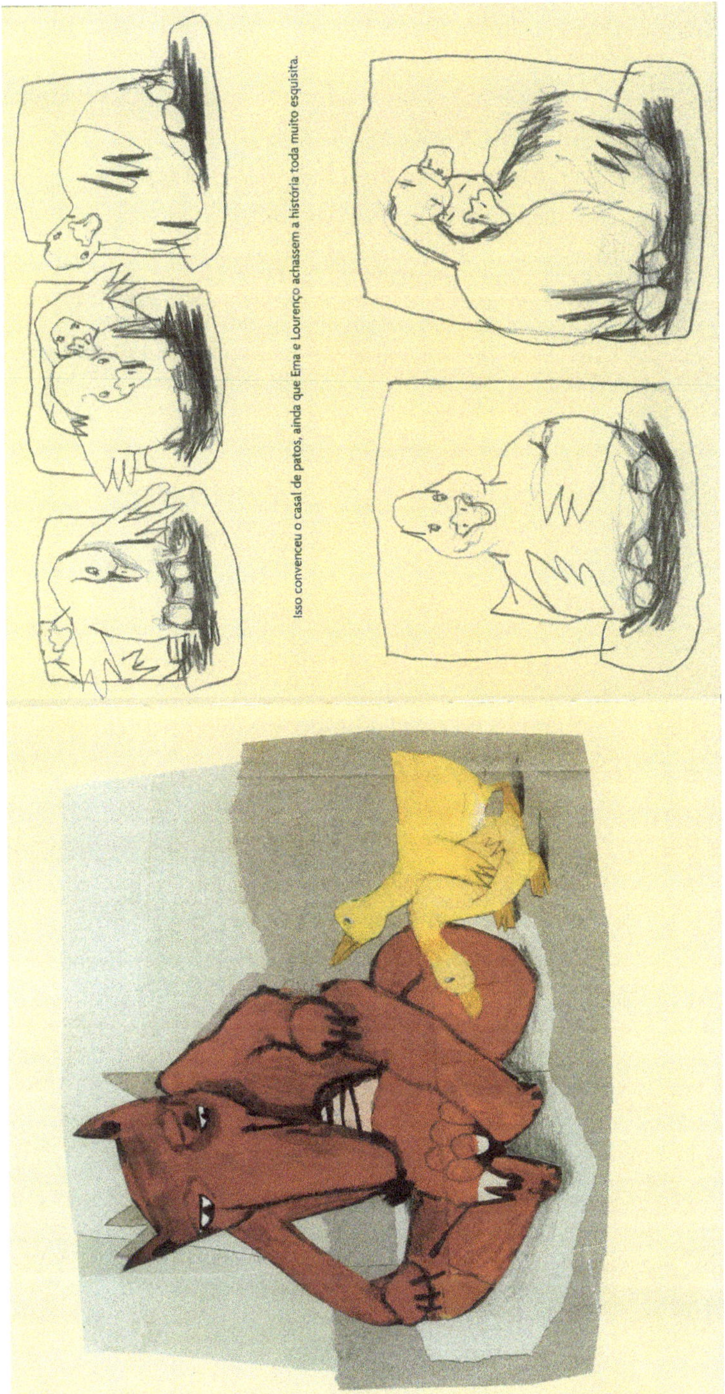
Isso convenceu o casal de patos, ainda que Ema e Lourenço achassem a história toda muito esquisita.

que será comer um deles, a imagem que aparece na página ímpar é a receita de um delicioso "Pato refogado". O desejo de Conrado será sempre adiado porque, envolvido pelo afeto, ele perde as características ferozes que definem sua espécie.

Mais do que o texto verbal, são as imagens que dão conta de mostrar todas as transformações por que passará o lobo ao longo da história. Trata-se de uma sátira afetiva e visual inspirada em dois protagonistas ancestrais da literatura para crianças. Uma versão lida ao contrário, mostrando as inúmeras possibilidades que cada personagem pode adquirir. O valentão vai se adocicando nas páginas, e o órfão constrói uma grande família. Consoantes com o texto, as imagens são engraçadas pelos efeitos obtidos nos gestos. Conrado lembra atitudes de pais contemporâneos que cuidam dos seus filhos, pois penteia, aconchega, leva para passear, brinca, prepara a comida na mesa, ações contadas pelas cenas, e não pelo texto verbal.

A estrutura das imagens é quase um mosaico. Podem aparecer várias em páginas duplas, dispostas em quadros, o que agiliza a leitura visual. Ou pode uma sozinha dividir parte do espaço com o texto. Muitas se assemelham a sequências de rascunhos feitos a lápis cinza até aparecerem, em seguida, coloridas, com destaque para o vermelho que define o lobo e o amarelo que recobre os patos. O leitor sente-se acompanhando o processo de criação do ilustrador. Um bom observador perceberá que há um traço que se destaca ao longo de todo o livro: são os olhos do lobo, bastante separados pelo focinho, que refletem diferentes modos de olhar. Ora está mais agressivo, ora apaziguado. Talvez o apelo seja uma reminiscência, quiçá homenagem, ao olhar inicial de Gustave Doré.

Na linguagem contemporânea dos livros-álbuns, o recurso à intertextualidade, esse diálogo entre textos, essa autorreferência que faz à literatura, é frequente, ocorrendo o mesmo com a ilustração. É comum que seja feito por meio da paródia – a apropriação de um texto anterior para ser transformado em outro parecido, mas com a intenção cômica. Encontramos essa estratégia em *Chapeuzinho Vermelho – uma aventura borbulhante* (2009), recontado por Lynn Roberts e ilustrado por David Roberts. Texto e imagens se referem ao menino Tomás, que vai levar guloseimas para a vovozinha e termina por derrotar o lobo sem a ajuda

Há não muito tempo, em um país bem parecido com o nosso, vivia um menininho. Seu nome era Tomás, mas – por alguma razão – todos o chamavam de Chapeuzinho Vermelho.

Enquanto o lobo cambaleava resmungando, Chapeuzinho Vermelho pegou o garrafão vazio e atirou-o na cabeça do lobo, que caiu desmaiado. Então, rapidamente amarrou as patas do lobo com um par de meias grossas de lã da vovó.

O lobo acordou com um grande galo na cabeça. "Minha pobre cabecinha...", reclamava. "Comer vovozinhas está se tornando muito perigoso! E depois, este refrigerante borbulhante estava muito mais gostoso!"

Essas palavras deram a Chapeuzinho Vermelho uma ideia. "Se você prometer nunca mais devorar ninguém", ele disse, "eu garanto que poderá ter todo o refrigerante que quiser".

de caçadores. Sua arma é um refrigerante com muito gás, que a avó adora. Os dois códigos, palavra e ilustração, parodiam o passado.

Já na abertura o leitor é desafiado. O texto verbal diz que ninguém sabe por que ele é chamado de Chapeuzinho Vermelho. Quem elucida a questão é a ilustração. As paredes do quarto do pequeno garoto e os objetos contidos nele são tingidos de vermelho, inclusive o boneco em formato de lobo que se encontra com a cabeça no travesseiro. Chapeuzinho não usa o capuz tradicional, apenas uma capa da cor vermelha, mas tem o mesmo ar curioso da menina das imagens que tradicionalmente se vinculam ao conto de fadas.

Vovozinha é sofisticada, possui móveis de qualidade, figurino típico do século 18, com suas loucas perucas e vestidos rodados, indicando a época em que a história de Chapeuzinho se populariza. Em nenhum lugar está dito que ela é rica. Sabemos de sua fortuna pela imagem da rica porcelana posta sob a mesa e pendurada nas paredes, pelos quadros, retratos de personalidades, típicos do século em questão. É possível, nas ilustrações, perceber seus modos delicados.

O esquisito é ela gostar de uma bebida que produz muitos gases. O refrigerante, típico do mundo contemporâneo, vai terminar por salvá-la. Os tempos históricos se entrecruzam. Há uma sensação de confusão, criada para provocar o riso e a reflexão. Essa indeterminação temporal é algo também característico da produção de boa parte dos livros-álbuns da atualidade.

A mimetização do lobo com as árvores da floresta é quase perfeita; se não tivermos cuidado com o olhar, podemos confundi-lo como sendo uma delas. Sabemos ser ele feroz e faminto, e as imagens aproveitam para acrescentar que era muito procurado. Cartaz com a palavra "cuidado" abaixo de um desenho dele está pregado no início da floresta. O perfil do lobo lembra o retrato de uma hiena, tão esquisito quanto malévolo. Diferente de outras versões, a ilustração mostra o delgado lobo aspirando pela boca a gordota vovó. Aparece, portanto, a cena omitida por Doré. No lugar da elipse, o ilustrador recorreu à hipérbole, que é uma exageração, ao relatar o momento mais dramático da história.

Debochado, o livro, por meio das ilustrações, faz um percurso pela cultura dos emigrantes ingleses que povoaram os Estados Unidos, onde a história foi adaptada. A explicação para isso vem em uma nota do ilustrador ao final do livro. Brinca também com a escolha do animal peru para ser a ave nacional do país, quando, na verdade, o símbolo norte-americano é a águia, ser muito mais arguto e veloz. A notícia sobre essa escolha aparece em uma página de jornal lida por um sujeito cuja máscara lembra os antigos filmes de *O Zorro*. Há ainda uma homenagem ao conto de fadas *Cinderela*. Quando se veste como a avó, o lobo se olha, deliciado, no espelho, e um passarinho voa em direção ao chão, observando tudo, assustado. Parece a cena em que a madrasta pergunta ao espelho se existe alguém mais bela do que ela.

No livro do autor inglês, lançado em 2005, as ilustrações foram feitas em nanquim e aquarela em papel de alta gramatura prensado a quente. Quem olha uma aquarela pode achar que se trata de uma técnica simples de pintura, mas ela é enganosa. Demanda um grande domínio dos efeitos do uso das cores claras e fortes, pois em função da diluição na água podem transbordar. O nanquim comparece pouco, em especial para dar forma às letras usadas no interior das ilustrações.

Nada em uma ilustração é gratuito. Isso significa que o leitor curioso poderá correlacionar as ilustrações com uma série de temas e outras expressões artísticas. Na leitura da história que inverte o gênero sexual de Chapeuzinho Vermelho há ainda outro quebra-cabeça a ser destrinchado pelo leitor das imagens. Novamente, o jogo entre real e imaginário se faz presente, estabelecendo uma complexa relação entre o passado e o presente.

Dois quadros estão pendurados em uma das paredes da casa da avó, ambos feitos em preto e branco, um embaixo do outro. O mais elevado lembra a imagem do primeiro presidente norte-americano, George Washington, elaborada por Gilbert Stuart (1755-1828), um dos mais importantes artistas do período nos Estados Unidos, uma brincadeira do ilustrador com a tradição do retrato. Se Stuart captou a expressão de confiança do líder político, em Roberts ele parece envelhecido e tem marcas rosadas nas maçãs do rosto e no nariz, que o deixam mais engraçado.

Outro quadro instalado na casa da vovozinha torna ainda mais elaborada a leitura das imagens do livro. Trata-se da pintura que evoca a tela *Blue Boy* (*Garoto azul*, 1770), de Thomas Gainsborough (1727-1788), também um especialista na arte de retratar, em seu caso, a nobreza inglesa. O ilustrador apossou-se da tela, fez modificações na face do menino retratado, eliminou um pouco da paisagem construída por

Gainsborough e o inseriu na casa da ancestral de Tomás. O nome do menino relembra o do pintor e pode ser uma referência também a um personagem importante da literatura norte-americana, aquele que dá título ao romance *A cabana do pai Tomás*, de Harriet Beecher Stowe.

A proposta visual, na evocação da obra de Gainsborough, indica que, se Chapeuzinho é vermelho, antes dele existiu um garoto azul, que se vestia de forma exuberante e tinha um chapéu com largo penacho. Sugere, portanto, que há uma linha de meninos diferenciados, que se identificam por adotar comportamentos e atitudes pouco comuns. Coloca-se uma questão de gênero, entendido como o conceito que discute os papéis e as relações sociais entre homens e mulheres e nega o determinismo biológico como definidor de comportamentos sexuais.

Na escolha por inserir e modificar obras de arte famosas, o ilustrador também trabalha com a ideia de retirar o peso do cânone, isto é, da tradição. Ele diverte o leitor com a proposta de olhar para o passado da pintura de uma forma dessacralizada. O ilustrador reconhece o passado, mas lança um olhar intencionalmente anárquico sobre a produção cultural das imagens.

Há um detalhe editorial que muito me agrada nessa versão transgressora de Chapeuzinho Vermelho. Em uma nota ao leitor, o ilustrador explica que faz referência a um ou dois pintores (o leitor que descubra se quiser quem são eles, como acabei de fazê-lo) e indica quais técnicas usou para fabricar os desenhos. Defendo que todos os livros ilustrados deveriam identificar os recursos manipulados, explicando de maneira sucinta técnicas e materiais utilizados.

Tal procedimento é comum em exposições de pintura, escultura, instalações e catálogos. No caso dos ilustradores, eles não têm a prática de explicar materiais que serviram para o trabalho. É algo tão simples de ser adotado, basta comunicar ao público quais os elementos utilizados na obra e o suporte escolhido para acolhê-la. Ler essas informações é uma forma de obter dados que podem ajudar na leitura das ilustrações.

Esse cuidado com o trabalho da ilustração é também uma atenção a mais para com o leitor, sendo uma forma de introduzi-lo nos modos e nas técnicas dessa arte. Um cuidado que se faz ainda mais necessário quando ele se encontra diante de um livro-imagem, como veremos a seguir.

A dança dos livros visuais

Não há hierarquias, nem mesmo entre a coisa e a imagem da coisa: o céu não é menos real e concreto que uma árvore, que uma rocha; não há um espaço que contenha as coisas, há apenas as coisas e a sua agitação determina o espaço ou pelo menos uma extensão infinita.

Giulio Carlo Argan, *Imagem e persuasão*

Imagine um livro pequenino, de 11 cm de largura por 16 cm de altura e com uma profundidade de pouco mais de 1 cm. A capa dura, recoberta com tecido na cor marrom, apresenta uma ilustração nas cores rosa e cinza, com o título, nome do autor e da editora. O formato desse decalque é retangular em direção vertical, dando ao livro uma ideia de algo longilíneo. O desenho da tipografia do título lembra tradicionais imagens das árvores sonolentas do conto de fadas *A bela adormecida*. Trata-se da mais instigadora releitura que já vi do tradicional conto de fadas. Quando aberto, como se fosse uma sanfona, o volume se desdobra rumo à linha horizontal e adquire tamanho imenso, mais de 4,5 metros. Vira uma passarela ao ser estendido sobre o chão.

La Belle au bois dormant, desenhado por Warja Lavater, apresenta na folha de rosto um subtítulo explicativo, diz que se trata de um conjunto de imagens após o conto de Charles Perrault. No interior, nenhuma palavra aparece para contar a história. Apenas litografias, de rara suavidade, exigem grande concentração para que se possa acompanhar o jogo sequencial contínuo que está proposto. Nas 40 divisões que compõem uma única página – na verdade, não podemos falar em páginas porque

o papel é colado de maneira inteiriça – está construída a ideia de que o livro é um rolo de surpresas a serem decifradas.

O leitor é apresentado, antes de começar a história, a uma lista de símbolos e à tradução de seus significados para os idiomas francês, inglês e alemão. A partir daí, o texto visual se realiza no uso desses signos gráficos. Por exemplo: a protagonista, Bella, é representada por um círculo nas cores verde e rosa. O príncipe encantado está simbolizado por três losangos que lembram balões de São João, nas cores vermelho, azul e rosa. Cada um deles tem uma linha vertical, que, na narração, lembra afiadas espadas.

As fadas madrinhas tornam-se círculos em tom verde aguado, diferenciados porque uma delas tem um pequeno ponto verde-escuro no interior da forma geométrica. Flores adquirem feitio espiralado em tons rosa e vermelho intensos. A fada má ganhou o formato redondo em cor preta. A princesa, quando criança, recebeu como elemento identificador um círculo rosa. A história é toda contada pelos signos, que se tornam maiores ou menores, a depender do trecho narrado.

O sistema de símbolos continua com o castelo transformado na soma de um retângulo horizontal colado a outro na vertical, o que dá a ideia de uma torre. O perigoso fuso é apenas uma linha com um ponto, quase a esquematização de uma agulha com o buraco por onde deveria passar a linha. Um retângulo azul na vertical indica a porta que separa Bella do instante do perigo, e o rei e a rainha são dois círculos em cinza com um "x" (seria a coroa?) sobre eles, sendo que a figura feminina tem um pedaço dela pintado de rosa.

Quando a floresta – um retângulo horizontal em verde, dentado nas pontas – adormece por 100 anos, a imagem ocupa um largo espaço na divisão do livro, correspondente a algumas páginas. Nela identificamos as formas do castelo e logo imaginamos que ele está escondido pelas folhagens. Vemos também a figura do príncipe, losango na cor rosa, segurando sua espada, passeando no bosque, próximo ao castelo. O momento em que o príncipe beija a princesa está traduzido pela invasão da ponta do losango azul no cerne do círculo verde com rosa. Aparecem muitas rosas, que se confundem com a princesa. O momento lírico-romântico está consumado.

Nesse trecho da narrativa visual, um leitor mais atento poderá fazer outras associações. A imagem do "beijo" evoca importante momento da história da arte do século 20, quando a abstração geométrica começou a dominar a pintura e a escultura. Ao vermos o "beijo", podemos reconhecer a forma de uma das obras mais famosas do artista plástico russo El Lissitzky (1890-1941), intitulada *Bater nos brancos com a cunha vermelha.* O cartaz foi feito usando a técnica da litografia, em 1920, e hoje pertence ao Museu Central Estatal da História Contemporânea Russa.

Diante dessa exacerbação da linguagem abstrato-geométrica, de a estrutura do livro ser feita apenas de imagens e da revisitação do passado da literatura e da arte, você pode estar pensando que se trata de algo muito difícil de ler. Garanto-lhe que não é complicado. Prestando atenção à página explicativa dos signos correlacionados às figuras e personagens, será apenas um desafio, tornando um prazer imaginar a história a partir do roteiro proposto pelas imagens.

Editado em 1982, na França, o volume foi pensado como livro-imagem, a forma do livro que dispensa palavras. Ele baseia-se em uma história conhecida, portanto, é autorreferente em relação à história da literatura infantil. Torna-se mais fácil lê-lo porque muitos de nós já conhecemos a narrativa original. Seu modelo extremamente longo também não é uma novidade. Antes da chegada de Cristovão Colombo à América, o povo maia contava suas histórias em papel, usando desenhos. Seus livros eram feitos como se fosse uma comprida fita, alguns com até 12 metros de extensão, e dobrados em zigue-zague, sendo abertos no momento da leitura.

Nesse jogo intertextual com uma história consagrada e com uma forma antiga de produzir livros, a narrativa verbal de *La Belle au bois dormant* é construída de maneira virtual em nossa mente. Construímos a história a partir das informações dadas pelo título, pela folha de rosto e pelo que já sabemos da história da bela na floresta adormecida – brinco com o título do livro porque entendo que ambas, a princesa e a floresta, adormecem por muito tempo.

Nem todo livro de imagens é construído a partir de um roteiro ou de uma história já conhecida. Quando se depara com um livro-imagem cuja narrativa é inédita, o leitor se torna responsável por criar o texto verbal. As crianças, pouco compromissadas com a lógica, são capazes de dar diferentes rumos para uma história proposta a partir dessa linguagem em que as palavras estão ausentes. Observo isso quando as vejo em uma biblioteca pública infantil que frequento em Brasília. Elas imaginam nomes para as personagens, constroem situações que apenas se referenciam nas imagens dadas, são levadas a elaborar um discurso narrativo muito particular.

Podemos pensar, a partir dessa configuração da obra, que os livros de imagens são um convite a uma forma de coautoria. A interação do leitor torna-se mais imprescindível do que em qualquer outro tipo de livro para a elaboração da narrativa. O autor-ilustrador constrói as imagens, e o leitor se apodera delas para contar o que sugerem. É um exercício dos mais elaborados, porque o diálogo precisa ser bem conduzido pela sequência de imagens de forma a não tornar a leitura algo aleatório, desvinculada do conjunto de ilustrações.

A literatura infantil configura desde sempre um campo de experimentação para o mundo editorial. A linha evolutiva da confecção de livros destinados a crianças mostra que muitas questões técnicas foram introduzidas antes nesse tipo de produto, e só depois incorporadas à edição da literatura para adultos. Um exemplo clássico é a questão da ilustração na capa. Antigamente, os livros só traziam o título e o nome do autor nas lombadas. A capa ficava isenta de imagens e informações. Foram os livros infantis, no começo do século 19, que alteraram essa tradição, conforme atesta Powers (2003) em livro que traça uma história da literatura infantil, mais especificamente inglesa e norte-americana, por meio das capas. Como há menos pressão e crítica em torno do livro infantil, eles possuem uma margem maior de liberdade para agregar experiências e trazer inovações.

Se pensarmos dentro dessa lógica, a radicalização do livro-imagem no abandono da palavra escrita talvez um dia chegue a ser uma prática da literatura para adultos. Alguns autores pós-modernos, como W. G. Sebald (1944-2001), conceberam livros de difícil classificação. Não é fácil dizer se são romances, autobiografias, ensaios ou contos as obras que publicou em que palavra e imagem compõem as narrativas. A escrita, nesse caso, se faz acompanhada de fotografias, anotações, entradas de óperas e desenhos. Seus livros são espécies de álbuns. Temos outro exemplo de romance ilustrado na história da Rainha Loana, de Umberto Eco, repleta de figurinhas amealhadas ao longo da vida. Quer dizer, o modelo infantil do livro-álbum, no sentido de um conjunto articulado de elementos, está roçando, provocando também a literatura adulta.

Teóricos da ilustração consideram o livro-imagem uma forma de livro-álbum (Salisbury, 2005, p. 90). Portanto, não é absurdo projetarmos que autores comecem a pensar em livros feitos exclusivamente de imagens com o foco em adultos. A experiência tem demonstrado que alguns exemplos de livros-imagem originalmente pensados para crianças encantam públicos de mais idade. A receptividade desses produtos indica uma ampliação do universo de leitores. Considero que *La Belle au bois dormant* é um livro dedicado a crianças, mas ele também pode ser visto como um produto direcionado a adultos. Ainda mais se pensarmos que vem protegido por uma luva, uma caixa de acrílico que o torna um produto ainda mais sofisticado, mais próximo do universo de gente grande do que dos leitores em formação. O livro só-imagem concede ao leitor-criança um poder semelhante ao do adulto, dando uma abertura à imaginação muito provocadora.

Essa indistinção de públicos é uma das características da própria literatura infantil contemporânea e se fortalece também nos livros que dispensam o recurso às palavras. Como o texto verbal é criado por aquele que lê, se as imagens estiverem bem realizadas e articularem uma ideia de narrativa possível, muitos públicos se interessarão pelo livro. Cada um construirá a história com base em seus conteúdos emocionais e repertório intelectual.

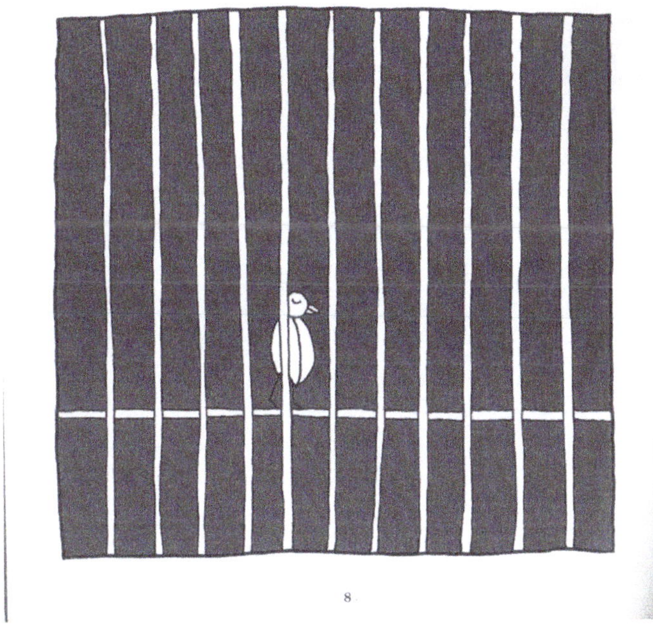

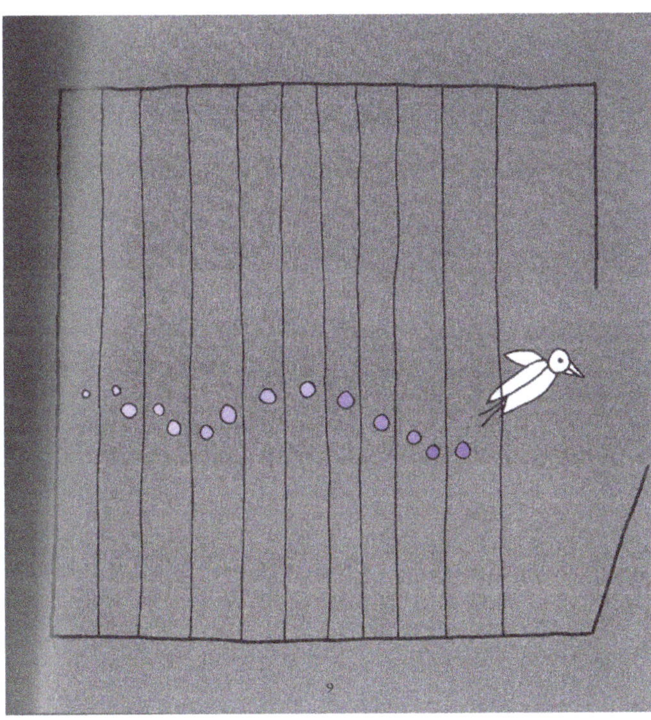

É preciso ressaltar que nem todo livro de imagens está referenciado em uma obra anterior, reconhecida pelo cânone literário e, no caso da literatura infantil, amada por leitores de muitas gerações. Há, claro, volumes como *Passarinhando* (2007), de Nathalia Sá Cavalcante, e tantos outros da safra dos últimos 20 anos, que são de livre criação do autor. Na tentativa de continuar a construção da linha do tempo sobre como os livros infantis abordaram temas relacionados ao personagem pato, e diante do meu desconhecimento de um livro-imagem relacionado a esse animal, usarei como exemplo essa obra que trata de um animal assemelhado aos meus queridos patos imaginários.

A capa hipercolorida apresenta o personagem pássaro. Serelepe, ele ruma em direção ao sol. As folhas de guarda mantêm o padrão de um tapete de cores, feito a partir de pequenos quadrados. Nas páginas de abertura do livro, as que contêm as informações técnicas, o pássaro tem forma quase humana, está no solo, em pé, porta colorida cartola daquelas usadas pelos mágicos. Somos levados a imaginar uma história de alegria.

Quando as imagens ganham as páginas quadradas do livro, o leitor é surpreendido. O cenário passa a simbolizar contenção e tristeza. Grandes linhas verticais nos conduzem a pensar em grades. As cores entre cinza e preto refletem o estado emocional de desânimo. Ele está engaiolado. Sobre uma linha horizontal que serve de poleiro, o passarinho tem os olhos fechados. A solução encontrada na ilustração, que muda o tom do cinza de mais forte para mais claro, dá ideia de que algo está prestes a acontecer.

Uma sequência de círculos roxos na página seguinte exibe o animal voando baixo. A imagem dos pontos remete ao imaginário dos quadrinhos, quando os ilustradores querem indicar que o personagem está entrando na zona de sonhos ou pensando. Podemos imaginar que ele sonha estar se livrando daquela jaula. Somos levados a isso porque a linha-grade se rompe e se abre em direção à próxima página, quase na borda de uma para a outra. Um leitor que não se recorda das estratégias das HQ para indicar o estado de sono poderá simplesmente achar que ele está se libertando das grades. A escolha narrativa dependerá da formação de nossa memória e de nossa capacidade imaginativa.

O ritmo das páginas começa a mudar. O semblante do bicho se modifica, ele ainda voa de olhos fechados, mas o bico, aberto, indica que começa a cantar. Logo em seguida, páginas coloridas dão conta das mais diferentes aventuras e encontros. Como o livro termina de forma "aberta", ficamos sem saber se tudo foi um sonho ou era realidade, a realidade de o pássaro se libertar das amarras da prisão.

O livro enfatiza nas primeiras páginas o uso das linhas. Secas, retas, elas dão conta das condições precárias enfrentadas pelo pássaro, cerceado que está da liberdade. Quando começa o passeio, dando início às aventuras sonhadas ou "reais", o enfoque da ilustração muda. Agora são as cores que definem as situações e os lugares. Os tons de azul, amarelo, laranja, rosa e vermelho, todos muito fortes, estruturam o novo espaço da narrativa.

Nessa soma de elementos plásticos contrastantes, o pequeno leitor poderá escolher narrar algo dramático, um bicho que apenas sonha com a liberdade, mas só a alcança na imaginação, ou criar uma história muito vívida, a do pássaro solitário que escapa da gaiola durante a noite e se diverte em muitas viagens. Aparentemente, o livro-imagem poderá parecer um produto destinado à descrição. É todo o contrário: configura obra aberta à narrativa, um convite que leva a sério a possibilidade de a criança inventar versões individuais para as imagens generosamente ofertadas pelo autor.

Enquanto escrevia este capítulo, fui a uma livraria conferir as novidades na estante de infantis, um antigo e cada vez mais delicioso hábito, e folheei um livro-imagem que muito me divertiu por gerar vários desdobramentos em minha mente, a ponto de desejar escrever uma história com o mesmo mote. O título remeteu a uma expressão muito usada, quando eu era jovem, para demonstrar espanto e admiração. Segundo o lembrete escrito na contracapa, *É o bicho!* (2009), de Jean-Claude R. Alphen, mostra com quantos círculos se faz um hipopótamo.

O volume chamou ainda a minha atenção, devo confessar, por ser fascinada pelos hipos desde que, certa vez, em viagem à África, presenciei uma família deles se recolher por quase uma hora, em susto e lamento, porque um filhote havia sido devorado pelo perigoso jacaré vizinho. Passado o tempo de recolhimento, todos regressaram na maior algazarra, barulho de quem volta a se recompor no território selvagem da vida. Na capa do livro, a personagem aparece com a grande boca

aberta, dentes aparecendo, língua vermelha quase como um míssil, além de vários pequenos bichos pulando, como se estivessem assustados com tal ferocidade. Fui atraída, em função dela e de minhas memórias, para uma história de perigosas aventuras.

Ocorreu uma decepção positiva, a capa não é exatamente fiel ao que contém o interior. Ela reforça, como uma hipérbole, uma característica física do animal, mas as páginas de dentro a negam para contar outra história. Esqueça qualquer convenção imagística a respeito desse animal forte e de pele grossa que vive próximo à água. O discurso plástico centrado em formas geométricas e o uso das cores escolhidas pelo autor-ilustrador conceberam um animal doce, de textura quase aveludada, protagonista de uma narrativa evocativa da capacidade de transformação das coisas e dos seres.

É lindo o surgimento desse hipopótamo imaginário. Nas primeiras páginas está sugerida essa criação do mundo, da vida, do bicho, por meio do encontro de dois coloridos semicírculos, em tons sobre tons na cor roxa, instalados em um fundo que simboliza o infinito. O resto está desenhado de uma maneira que qualquer um de nós, leitores emergentes ou leitores experientes, poderá imaginar uma nova história para bordar um discurso, criar uma narrativa, a partir apenas das imagens.

Esse recurso à exclusividade da imagem tem pautado também livros que buscam transmitir algo às crianças usando recursos da ficção, mas que portam em seu discurso uma mensagem de caráter pedagógico. Havia resolvido, no começo deste livro, não me alongar na questão das imagens em livros paradidáticos. Farei outra exceção para observar que mesmo esse segmento começa a se utilizar das estratégias do livro de imagens para levar suas mensagens ao leitor iniciante.

Em *A semente – S.O.S florestas* (2010), Eduardo Albini se concentra em duas cores, o verde e o vermelho, para contar a história de dois irmãos, menina e menino, que resolvem plantar árvores em defesa do meio ambiente. A mensagem não é tão explícita, mas as imagens a constroem de mansinho. De uma página dupla a outra, somos levados a compor a história, que se passa entre a rua, o espaço do coletivo e o apartamento, o mundo privado das crianças.

Os personagens são contemporâneos, dizem suas roupas *fashion*. Eles pertencem à classe média, pois o prédio de apartamentos e os móveis indicam uma vida com bons recursos materiais. Ambos, igual a muitas crianças da atualidade, devem passar sozinhos grande parte do dia. Em nenhum momento, no interior da casa, aparece um adulto em diálogo com eles. Numa inversão do que ocorre na realidade, eles preferem imaginar, criar situações, a assistir à TV, que é prestigiada apenas pela boneca da menina. Nesse momento, três pontinhos ligam balões à cabeça das crianças, com imagens de árvores que gostariam de ver crescer e cuidar. De novo, o recurso das HQ a indicar que estão produzindo uma realidade imaginária.

O uso dos recursos dos quadrinhos pode se acentuar na ilustração do livro-imagem, porque a tradição deles estabeleceu uma série de convenções que indicam alguma ação ou movimento, e isso já está assimilado por grande número de leitores. O diálogo da literatura infantil com o passado não é somente na apropriação transformadora de textos conhecidos, mas com a própria forma de fazer o livro. Tudo porque, como ensina Mario Perniola (2000, p. 34), "o novo não nasce senão através de imperceptíveis transformações do velho, mínimos desvios do conhecido, trânsitos do 'mesmo para o mesmo'".

Como nos livros do passarinho, do hipopótamo e da semente, a tendência é que o livro-imagem seja feito, como já apontamos, por um só autor, que se responsabiliza tanto pelo texto visual como pelo virtual. Considero que ao construir a história o autor pensou antes em uma história verbal, que não aparece para o leitor, mas que existe virtualmente. A virtualidade é a possibilidade de algo que está em potencial se realizar. Por isso, deve ser mais fácil uma mesma pessoa pensar, imaginar, ilustrar, enfim, resolver toda a estrutura da história sem palavras, do que uma pessoa escrever ou pensar a história e outra ilustrar.

A experiência tem demonstrado, entretanto, que, em muitos casos, a parceria entre dois criadores ocorre de uma maneira eficiente para o bem da narrativa do livro-imagem. A Coleção Histórias do 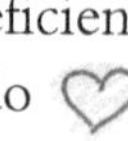 começa o percurso rumo à ausência de palavras no interior do livro usando o desenho de um coração no lugar da palavra que o designa. Cinco títulos foram lançados por Sonia Junqueira (história) e Mariângela Haddad (desenhos): *O menino e a gaiola*, *O gato e a menina*, *A velhinha na janela*, *A menina e o tambor* e *Os feitiços do vizinho*. Todos os volumes ganharam também versão para *e-book*, tema a ser discutido no próximo capítulo.

Conheci *A velhinha na janela* (2008) antes dos outros e, ao lê-lo, fiquei a indagar sobre como será o processo de trabalho da dupla de autoras. O mais provável é que Junqueira imagine a história, talvez até a escreva seguindo o modelo de um roteiro de cinema (poucas palavras, com a indicação da ação e talvez um outro elemento identificador dos personagens). Feito isso, discutem, ou Junqueira repassa o que imaginou para Haddad, que interpretará os dados, para recriar a narrativa em desenhos. Com a supressão das palavras, podemos dizer que existe um texto virtual subjacente às imagens. Os dicionários nos ensinam que virtual é também algo que está predeterminado e contém todas as condições necessárias para a sua realização.

O enredo proposto pelas autoras diz de uma velhinha que vive solitária à beira da janela de casa. Está lá cotidianamente, mas ninguém a vê, ninguém consegue "ler" aquela solidão. Ela não fala, não reclama, apenas estende o olhar para a paisagem que se desenrola ao abrir a janela. Passado um tempo, uma menina consegue ver a velhinha. Trocam olhares e conversam. A garota a apresenta a sua caixa de brinquedos e conta a origem de cada um deles. Depois, a senhora abrirá seus tesouros para exibi-los e explicá-los à menina e aos que a rodeiam. São os balões de imagens, aqueles das HQ, que demonstram a suposta "fala" da personagem.

Distribuídos em 24 páginas, os desenhos de Hadad ambientam a história em uma rua de casas com telhado em meia-água, pela qual passeiam moradores de diferentes idades. Crianças brincam na rua. A varanda da casa da velhinha permite visualizar ao fundo uma paisagem que lembra quintal. Quem observar os detalhes verá um ninho de passarinho entre os caibros e as telhas. Toda a paisagem soa como reminiscência de um espaço urbano raro nas grandes cidades. Assistimos, como em um filme mudo, à velhinha abrir a janela, fechá-la por causa da chuva, quase dormir nela quando a noite chega. A janela é seu lugar no mundo. Sua única interação, até a menina entrar em contato, é com um pedinte, a quem dá um pão.

No plano das imagens, Haddad usa as páginas duplas quando deseja aglutinar grande número de personagens. As imagens que dizem respeito ao estado de ânimo da velhinha estão colocadas em páginas individuais, cada uma com duas cenas diferentes, uma abaixo, outra acima. Ocorre que ao inserir o mesmo número de imagens em páginas espelhadas, ela cria um efeito óptico em que o leitor pode ser levado a acreditar que se trata de oito, e não de quatro imagens.

A solução que encontrou para produzir tal ilusão foi separar com um fio lilás, mesma cor do chão da rua, a parede que divide a janela da varanda, ao fazer o desenho da fachada da casa da senhora. Como esses dois elementos arquitetônicos sempre se repetem, com pequenas variações, a linha divisória fornece a sugestão de vários quadros sequenciais. Os livros de imagens reforçam muitas questões internas da arte da ilustração, como as ilusões ópticas, porque precisam falar tudo apenas com o poder da imagem e também pelo fato de os desenhos dominarem a página, terem mais espaço para se expandir.

Há dentro da história do livro de imagens brasileiro um exemplo que reputo como clássico por levantar muitas questões relativas à construção das imagens em um livro feito só por elas. Refiro-me a *O Cântico dos Cânticos*, de Ângela Lago. Há muitos anos, o releio.[4] Recriação de um texto antigo, a obra mistura o novo e o velho, o antigo e o contemporâneo, com incomum delicadeza de movimentos e cores. Livro sem começo ou fim, talvez seja melhor dizer, o fim pode estar no meio, o começo pode ser o final. Álbum onde a percepção e participação do leitor são automáticas, porque o olhar tem que ser desarmado, sendo necessário esquecer os modos tradicionais de leitura.

Em formato de 23,5 x 33,5 cm, a versão do poema bíblico tem 22 páginas, ou 11 páginas duplas, não numeradas, com imagens recheadas de labirintos, fendas medievais, colunas e piso em xadrez, colocados dentro de uma moldura que mais parece tapeçaria. No meio de todo esse jogo de construção e desconstrução aparecem dois personagens, um homem e uma mulher, que se encontram e se desencontram. Ou, numa outra leitura: o leitor encontra de um lado a versão feminina do encontro; e, do outro, a masculina. Na página central, em cor purpúrea, com desenhos que conduzem imaginariamente ao infinito, ocorre o encontro/desencontro dos dois personagens.

[4] Durante o Mestrado em Literatura Brasileira, realizado na Universidade de Brasília, escolhi o livro para ser o objeto da monografia final do curso Teoria da Imagem Poética, em 1993. Parte das ideias aqui desenvolvidas já eram discutidas nesse trabalho.

Ao ver-sentir-ler-contemplar o livro da artista mineira pela primeira vez, vinculei-o à estética neobarroca. O termo neobarroco é utilizado por Calabrese (s.d.) para caracterizar a mentalidade e o gosto reinantes na cultura contemporânea, identificada por outros autores como pós-moderna. Segundo ele, esse gosto predominante "caracteriza-se pela perda da integridade, da globalidade, da sistematicidade ordenada em troca da instabilidade, da polidimensionalidade, da mutabilidade". Há no texto visual desse cântico contemporâneo um ritmo insensato, a perda crescente de energia, a reiteração do uso de labirintos que parecem se mover; aspectos que evocam as definições propostas pelo teórico.

Para conseguir tais efeitos, Lago inspirou-se em especial no trabalho de Maurits Cornelis Escher (1892-1972), artista gráfico holandês, e de William Morris (1834-1896), o inglês que revalorizou o uso das miniaturas orientais e islâmicas defendendo, em plena Revolução Industrial, um retorno à arte mais artesanal. Escher especializou-se em criar gravuras que brincam com o papel e, ao propor desafios tridimensionais no espaço do plano, antecipou-se a muitas propostas possibilitadas hoje pelos recursos da informática.

No diálogo com os processos visuais desenhados por Escher, com suas escadas que só sobem ou só descem, colunas que se desfazem, as imagens permitem uma leitura não hierarquizada. A versão do cântico passa a lembrar a técnica dos videoclipes, quadros rápidos, segmentados, com ritmo e intervalos demarcados. Suas imagens vão se acumulando, montando jogos, espelhando-se, criando cenas e cenários. Poderia ser também um *game* de computador, por permitir muitas combinações em suas páginas.

Há ainda outra questão que chama a atenção na forma de elaboração do livro sobre o poema amoroso. Vimos exemplos, nos capítulos anteriores, de como autores contemporâneos se apropriam de Chapeuzinho Vermelho ou do Lobo Mau para criarem histórias divertidas, quase *nonsense*, a partir desses textos e imagens. No caso de Lago, ela se apodera do texto original não com a intenção paródica, sugere mais a condição de uma paráfrase, entendida como a tradução livre de um texto anterior.

Criado antes de a revolução tecnológica provocada pela internet invadir nossos modos de produção cultural, o jogo de imagens da ilustradora pode ser entendido a partir dessa tradução livre como um caso de hipertexto. O termo atualmente é vinculado ao formato da linguagem digital, própria do mundo da informática. Identificamos um hipertexto quando a um texto vinculam-se outros conjuntos de informações, que podem ser acessados por *links*, que contêm notas, gráficos e imagens. Ou, se preferirmos a definição literária tradicional, pode ser entendido como todo texto derivado de um anterior por transformação direta ou indireta.

Lendo o cântico da artista mineira, acessamos virtualmente, isto é, na memória, o que sabemos sobre o texto original. Buscamos nossas notas mentais, as imagens formadas anteriormente sobre ele, nosso álbum de imagens, para conseguirmos compor a narrativa. Um determinado tipo de leitor poderá recuperar as ilustrações mágicas de Escher, as delicadezas de Morris. No caso do leitor não acostumado à leitura do texto bíblico, ele comporá a história a partir de suas memórias e ideias a respeito do encontro amoroso. E uma criança poderá ler o livro como uma brincadeira de esconde-esconde entre um menino e uma menina.

Enfim, ele é um álbum virtual, uma trama de elementos articulados pronta para propor uma interação ao leitor, cuja concretização dependerá das potencialidades inerentes a cada um. *O Cântico dos Cânticos* em imagens antecipa questões fundamentais para o livro infantil do futuro, quando, acredito, a integração de elementos e a proposta de interatividade serão muito mais exploradas. No momento em que os livros digitais – tema de nosso próximo capítulo – se popularizarem, o recurso ao hipertexto tenderá a ser maior, provavelmente mais explícito e sofisticado, pois poderemos interferir diretamente na condução da narrativa, acrescentando dados, modificando a posição das imagens, criando outros finais, por exemplo. É esse futuro que tentaremos imaginar nas próximas páginas.

O futuro já começou

Todo livro é uma colaboração.
Alberto Manguel, *A cidade das palavras*

Iniciei nossa conversa com a minha descoberta da obra que continha as reinações de Narizinho. Regresso à personagem, tão conhecida e querida por tantos leitores, para falar sobre o futuro da imagem no livro infantil, pois a neta de Dona Benta passou por uma releitura e mais uma vez se modernizou. *Narizinho – a menina do nariz arrebitado*, de Monteiro Lobato, anda se aventurando nas telas de computador.[5] Com imagens interativas, a versão *e-book* da clássica narrativa, ilustrada por Rogério Coelho, convida o leitor a modificar cenários. Quando o desenho do vaga-lume aparece, por exemplo, é possível clicar sobre ele e movê-lo, arrastando o inseto brilhante, o que iluminará as áreas de texto.

Algo semelhante ocorre com *Alice no País das Maravilhas*. Produzida pelo estúdio Atomics Antelope, a história de Lewis Carroll para as telas apresenta uma série de interações que a tornam ainda mais rica de sentidos. Considerada pelo diário digital norte-americano *The Huffington Post* como um produto que "reinventa a leitura", conforme trecho de resenha publicada ao final do *e-book*, a versão mantém o texto de

[5] O título eletrônico foi apresentado na 21ª Bienal do Livro de São Paulo, em outubro de 2010.

Carroll e retoma as ilustrações de John Tenniel. Mas tudo está adaptado para a linguagem digital, com imagens interativas que se movimentam de várias maneiras, inclusive quando viramos o *tablet*, computador em formato de *laptop* ou prancheta, nome dado aos *e-readers*, leitores eletrônicos apropriados para os *e-books*.[6]

A versão virtual de *Alice* mantém outros traços do formato de livro tradicional. Em posição de retrato, com a altura maior que a largura, a mancha de texto aparece como se estivesse em uma folha de papel. A grande diferença é a existência de uma relação mais dinâmica da narrativa com o leitor. Ao tocar a seta que passa as páginas, ele se sente manuseando um livro em que as imagens se movimentam. Os mais sensíveis poderão se sentir fazendo parte da aventura na medida em que, com o movimento da tela, determinam a forma como os elementos da imagem se mexem.

A sedução da brincadeira se faz além do texto verbal e, de forma simultânea, atrai ainda mais o leitor para a narrativa. O risco que existe é que tudo se torne mais superficial e reativo, pois as interações tendem a reduzir o tempo da reflexão sobre o que está sendo lido ao exigirem a constante intervenção do leitor. No entanto, sob um olhar mais otimista, é possível contra-argumentar que o prazer do jogo validará o conteúdo, tornando essa forma de leitura uma experiência tão importante quanto aquela a que estamos acostumados nos livros de papel.

Para conseguirmos visualizar o que significa essa mudança na formatação da imagem, sugiro compararmos a versão digital com o livro *Alice*, que reúne as histórias "Aventuras de Alice no País das Maravilhas & Através do espelho e o que Alice encontrou por lá". Lançado em 2010, o livro em papel tem tradução de Maria Luiza Borges. Nele, em preto e branco, a ilustração assinada por Tenniel exibe a menina apenas tocando na cortina. Na versão digital, Alice puxa a cortina e se surpreende com uma janela, por onde se movem

[6] Existem no mercado vários modelos de *e-reader* que proporcionam apenas a leitura do livro digital, tais como o pioneiro Kindle, produzido pela Amazon, e o Reader, da Sony. Outros *tablets* vão além da função leitura, servem também como computadores, exemplo do Ipad, da Apple, e o Slate, da HP. E há modelos que, ao acrescentarem ainda a função voz, funcionam como leitor, processador de dados e celular, caso do Galaxy, da Samsung, do Galapagos, da Sharp, e do Nokia 5230. A tendência é que os diferentes *e-readers* acumulem todas essas funções.

diferentes paisagens, que passam lentamente diante do leitor. Alice vê as paisagens e o leitor também.

O recurso ao movimento continua na versão para as telas. O relógio do coelho despenca da letra "S" em tamanho gigante e balança pela página, conforme viramos o *tablet*. Os cogumelos se mexem, assim como o corpo de Alice se altera, tornando-se maior ou menor. No momento em que a menina bebe o líquido que a deixará com estatura menor, a garrafa despenca aos poucos pela página. Poderá ser um movimento mais rápido ou mais lento, é o gestual do leitor que decidirá a velocidade a ser dada. A caixa de balas de comer se abre, e coloridas pílulas se espalham agitadas pelo chão.

As versões de *Alice* e *Narizinho* com a marca da tecnologia contemporânea demonstram que o livro infantil se enriquece com a união simultânea de palavra+imagem+movimento+interatividade, possibilitando imaginar como serão outros tipos de *e-books*, quando a programação acrescentar também voz. O *e-book* está apto a ser acionado e lido, em muitas telas, no computador, no celular, na televisão. O mesmo livro terá formas diversas a partir da visualização nas diferentes telas. Ler continuará a ser uma atividade que poderemos fazer em qualquer lugar, assim como lemos um livro tradicional em qualquer local. Tem mais: pensando de forma positiva, a leitura do *e-book* pode se transformar em um jogo interativo capaz de reunir muitas pessoas em torno dele, e essa é uma diferença importante.

Passada a fase em que a criança compartilha a descoberta da leitura com um adulto, ler um livro sempre tendeu a se tornar um ato que reivindica a solidão, sendo normalmente um exercício e um prazer individual, pouco compartilhado. Com a entrada em cena dos *e-books* dotados de interatividade, a leitura poderá se transformar em um exercício coletivo. Eu mesma li a versão de *Alice* para as telas na companhia de uma amiga. Ficamos "brincando" com os recursos propostos pela nova forma de narrar. E imagino que, no caso de muitos adultos, migrantes no mundo digital, serão as crianças que conduzirão a leitura, pois elas estarão mais adaptadas à linguagem digital, com seus comandos e suas soluções interativas.

Já pensou a beleza que será ler um livro para ou com muitas crianças a partir de uma tela gigante de televisão? Como elas reagirão quando as letras se tornarem imagens e as imagens se transformarem em letras ao acionarem narrativas em seus celulares? Ou quando a voz de um personagem surpreendê-las com diálogos narrativos? Estaremos lendo um livro ou participando de uma leitura animada? Esse objeto continuará sendo chamado de livro? Ou usaremos o estrangeirismo *e-book* como, no passado recente, adotamos mundialmente o nome *e-mail* para designar o correio eletrônico?

Todas essas questões não se resumem a um exercício de livre imaginação. São possibilidades abertas neste momento, que é de trânsito entre o abandono do papel como um dos principais suportes para a transmissão do conhecimento e divulgação de dados e a migração da informação para o mundo das telas. Num futuro mais distante, essas telas talvez venham a ser a própria parede de nossas casas, nas quais projetaremos imagens a partir de diminutos sistemas de projeção.

Vivemos uma era de intensas mudanças nos sistemas de comunicação, portanto o mesmo se passa com o livro, que vive o impacto dessas tecnologias e dos comportamentos que elas ajudam a criar e a transformar. Muitas das experiências que poderemos viver no futuro já estão sendo experimentadas no próprio livro de papel. É só observarmos, por exemplo, a quantidade de obras que estão sendo colocadas no mercado que se aproximam da tridimensionalidade, caso de *Girafas não sabem dançar*, com texto de Giles Andreae e ilustrações de Guy Parker-Rees.

Nessa narrativa a trama situa o leitor em um baile na África, em que o personagem Gê, o girafão, aprende a dançar. E os casais de leões, javalis, chimpanzés, rinocerontes e babuínos realmente dançam quando acionamos pequenos dispositivos, setas, capazes de mexer com seus corpos, que podem também se destacar para o espaço tridimensional. Produto de uma sofisticada tecnologia que exige a participação de mais um autor, Corina Fletcher, responsável pela chamada "engenharia de papel", o livro foi lançado pela primeira vez em Londres, em 1999.

Especialistas como Fletcher começam a ganhar espaço dentro do mundo editorial, porque, com o desenvolvimento das tecnologias, as editoras precisam contratar profissionais responsáveis por resolver da melhor maneira possível o modo de operar as páginas de livros em que as imagens saltam do espaço plano. Como as dobraduras no papel, quando abertas e, depois, fechadas, podem vir a apresentar problemas,

Javalis dançaram valsa,
rinocerontes, rock'n'roll,
e os leões bailando tango
deram um verdadeiro show.
Os chimpanzés, um cháchácha
ressuscitaram em família,
e a turma dos babuínos se esbaldou na quadrilha.

esses "artistas engenhosos" se encarregam de criá-las de maneira que permaneçam funcionais mesmo depois de muito manuseadas.

Em breve, esses tipos de imagens poderão se tornar comuns nos *e-books*, com a vantagem de não haver o desgaste da dobradura, pois a tridimensionalidade se faz de modo virtual. Nesse caso, é preciso apenas o uso de óculos especiais. Ainda muito cara, a tecnologia 3D permite que o espectador receba a mesma imagem duas vezes, uma direcionada para o olho esquerdo, outra para o direito. Cada olho enxerga de um ângulo e são os óculos que ajustam a imagem.

Isso exige grande esforço do cérebro e gera a sensação de profundidade, de volume e, consequentemente, de hiper-realidade, isto é, de realidade aumentada. Temos a impressão de que aqueles corpos, objetos e paisagens são reais. Logo, essa tecnologia estará disseminada também nos *e-books*. No caso dos livros tradicionais, quando as dobraduras ou *pop-ups* se desprendem das páginas, sentimos a materialidade do papel que está recortado no formato desses seres e dessas coisas.

Outra experiência já proporcionada há algum tempo por livros no suporte tradicional do papel, como *É Gol!*, de Rufus Butler Seder (2009), tende a se intensificar nas obras que serão lidas nas telas. Ilustrado pelo sistema *scanimation*, trata-se de um livro animado feito em papel. Cada vez que a criança abre as páginas desse livro, sua engenharia permite que apareça o desenho de um círculo e, no interior dele, imagens relativas a um esporte. Todas habilitadas a ganhar movimento.

Como nos *tablets*, basta mexer um pouquinho a página e tudo se inicia. Quer imaginar melhor a questão? Explico: de teor muito simples, localizado na página par, o texto indaga: "Você chuta com o pé direito ou com o esquerdo?". A depender de como mexemos a página ímpar, dentro do círculo, um garoto chuta a bola com o pé direito ou com o esquerdo, para a frente ou para trás, e no final, se o movimento da página for mais acelerado, tudo se transforma em uma linda bola, o que nos leva a imaginar que é a potência do chute do garoto que produz esse efeito. Abaixo do círculo, com letras muito coloridas, outro trecho do texto verbal diz: "Com uma tacada certeira, eu rebato a bola ligeira".

Como você pode observar, livros para crianças continuam sendo um grande laboratório onde podem ser testadas linguagens e técnicas. No caso dos *e-books*, a existência e a divulgação deles, no Brasil, será

ampliada para um número cada vez maior de pessoas quando a convergência digital estiver disseminada pelo país. A convergência permite que um maior número de cidadãos desfrute da possibilidade de que diferentes mídias e tecnologias se integrem em um único canal. Faz com que as formas de se comunicar se entrelacem, pois os meios, essas mídias, são móveis e se infiltram, penetrando de maneira difusa em todos

os lugares. É a possibilidade de acionar várias funções (som, imagem, dados e interação) em um mesmo lugar.

Para tornar mais simples a questão, antes víamos apenas a programação da televisão em uma tela de TV. Hoje, com a convergência digital, o *laptop* pode ser conectado à TV, permitindo acessar seus conteúdos naquela tela e usufruir a imagem em ampla dimensão. O celular também pode ser conectado à televisão ou ao computador. Enfim, as mídias conversam entre si nesse novo cenário da comunicação. Como faz questão de lembrar o artista plástico e designer gráfico Francisco Amaral, em depoimento para confecção deste texto: "e cada uma agrega algo novo, oriundo do conjunto de funcionalidades que a caracteriza: se exige menos da qualidade do vídeo e da foto, se exige mais da mobilidade". Nesse novo universo, em que se misturam e se fundem linguagens, os *e-books* são uma maneira de a mídia tradicional chamada livro conversar com os meios eletrônicos, com a juventude das técnicas que imperam em nossos tempos.

O livro, assim como muitos outros produtos culturais, se beneficiará dessas plataformas virtuais e, em função disso, deverá desenvolver ao longo do tempo uma linguagem própria, cada vez mais adaptada à mídia em que se insere. As tecnologias colaboram para mudar formas de discursos e de narrativas, e nossas formas de representações se moldam influenciadas pelo meio que as transmite. Como vivemos em uma era transmídia – do diálogo entre as várias mídias –, o produto livro também refletirá essa convergência contemporânea.

Isso não significa que o livro de papel desaparecerá, mas é provável que seja amplamente substituído pelo virtual, pois outro fator agrava e onera a existência do primeiro, que é o uso do papel. Ele advém do corte de árvores, e o mundo se preocupa cada vez mais com a sustentabilidade econômico-ambiental. A informática possibilita que você tenha vários livros armazenados em um dispositivo, como os *pen-drives*, os discos rígidos (HDDs), ou, em termos mais tradicionais, em um CD. Outra vantagem é a questão da portabilidade, pois podemos condensar uma grande biblioteca nesses pequenos espaços.

Além disso, e, talvez, o mais importante para a disseminação do *e-book*, é que as gerações nascidas a partir dos anos 2000 crescem sob o signo da linguagem digital. Pesquisas indicam que, no Brasil, 14% das pessoas que acessam a internet em casa são crianças entre 2 e 11 anos, um contingente que a cada ano cresce mais (Demetrio, 2010, p. 3). A tendência é que esse público tenha muito mais facilidade para aderir aos produtos que navegam na virtualidade e criem outras formas de expressão a partir dessas ferramentas. Elas são naturais de um mundo em que a fórmula palavra+imagem+movimento+voz+interatividade se torna cada vez mais intensa, o que as levará a consumir e, mais tarde, produzir conteúdos compatíveis com essa época.

É de se esperar que uma nova forma de fazer o livro destinado às crianças se fortaleça com a popularização e consequente barateamento dessas tecnologias. Afinal, como alerta Sérgio de Sá (2010, p. 33), ao retomar as ideias de Marshall McLuhan, os meios de comunicação moldam as narrativas que colocam em circulação. É muito provável, portanto, que o livro infantil do futuro se aproxime cada vez mais da linguagem dos videogames e de muitos aplicativos que são baixados hoje nos celulares, que exigem a interação daqueles que os consomem.

Devido ao constante desenvolvimento da linguagem tecnológica, a ilustração também se adaptará aos novos meios, com o provável aparecimento de novas formas de expressão. Na opinião de Wigan (2008, p. 115), o domínio digital deixa claro que a informação visual poderá se desenvolver até o infinito, se reciclando e criando novos contextos. "Esta recontextualização criativa permite articular novas ideias, formas e conceitos", imagina ele.

A migração dos livros para as telas já se faz sentir desde o começo dos anos 2000. Um dos primeiros que li – claro que eu não ia deixar de procurá-lo – foi uma versão cujo acesso é gratuito de *O Patinho Feio* (Virtualbooks Online, 2000). Em formato pdf, apresenta apenas o texto digitalizado e traz na capa – azul com o pato e as letras em amarelo – uma ilustração fidedigna ao título, contrária à beleza que sempre atribuí ao animal. Essas versões pouco uso fazem das ferramentas tecnológicas. Elas apenas jogaram os textos para as telas. Na realidade brasileira, ainda somos tímidos na exploração dos recursos do livro digital.

Até o momento, grande parte dos *e-books* destinados ao público infantil e juvenil é oriunda de adaptações de textos consagrados. Em breve, com a rapidez típica da era da internet, autores e ilustradores deverão aumentar a criação de novas histórias para serem lançadas a partir das possibilidades interativas geradas pelos *tablets*. Apesar da dinamicidade dada às versões virtuais de *Alice* e *Narizinho*, suas imagens ainda são típicas de um modelo bastante tradicional, textos antigos – o verbal e o visual – que ganharam um verniz de modernidade.

Com a popularização dos livros interativos audiovisuais e multimídias, poderemos observar com mais cuidado como a tecnologia está colaborando para moldar as narrativas visuais. Por enquanto, o que se observa é que a qualidade do desenho da imagem continua sendo importante. As novas tecnologias têm um poder muito grande de expor defeitos ou a má resolução de uma imagem, seja um desenho, seja uma pintura. Com a melhora da qualidade de exibição da imagem, ilustradores precisarão ter ainda mais domínio sobre a linguagem plástica, necessitarão aumentar a preocupação com a escolha dos materiais e com a elaboração das sequências narrativas.

Se retomarmos a ideia de que no futuro muitas das imagens serão animadas e em 3D, tecnologia também chamada de holográfica, elas forçarão a uma maior interatividade. O leitor – será que ainda o chamaremos assim? – se integrará à história, fará parte dela. A imagem pulará da tela e entrará virtualmente no ambiente em que a história está sendo acionada. Estaremos vivendo uma espécie de virtualidade real. Isso abre novas possibilidades sobre o papel de condutor da narrativa. Há muito tempo, opções narrativas fazem com que alguns livros infantis deixem o final da história em aberto, para que o leitor estabeleça o tipo de desfecho que deseja dar ao enredo, como exemplifiquei em *Passarinhando*, no capítulo anterior. Com a tecnologia, essa possibilidade se tornará virtualmente mais concreta: o leitor poderá escrever parte da história, e não apenas imaginá-la. Seu texto poderá ser inserido na tela, assim como as imagens que produzir.

As câmeras instaladas nas telas, essas que são acopladas hoje aos computadores de uso pessoal, permitirão ao leitor capturar imagens e lançá-las dentro da história, se a narrativa for programada para aceitar essa forma de interação. Ao também interferir no texto escrito, o leitor produzirá conteúdos verbo-visuais que definirão o andamento do livro digital. Terá ainda a possibilidade de decidir ambientar a narrativa em outro lugar, pois um hipertexto de imagens, um *link*, poderá estar a sua disposição para a troca de cenários. A velocidade do processamento das imagens possibilitará isso em um segundo.

A questão do impacto dessas novas mídias na literatura infantil tem sido objeto de reflexão, pois precisamos compreender o impacto dessas linguagens para saber selecioná-las. Na versão brasileira do livro *Crítica, teoria e literatura Infantil*, Hunt (2010, p. 281) diz que "a consequência óbvia dessas tendências é que o conceito de narrativa é estendido". Poderemos continuar a ter livros com narrativas em formato tradicional, modelo que o teórico chama de linear, como é o caso das versões originais de *Alice* e *Narizinho*. Mas é bem provável que o público, o leitor inserido no mundo digital, se interesse muito mais por aquelas que denomina de hipertextuais, feitas com muitas e variadas possibilidades de interação.

A noção de narrativa – entendida como o ato de contar uma história – será também ampliada, porque, além de escrever parte do narrado, o leitor também poderá ser protagonista da ação. No futuro, ele estará apto a entrar no livro digital. Imagine um *e-book* com uma história rica de ação, aventuras e personagens, como *Peter Pan*, o clássico texto de J. M. Barrie, lançado pela primeira vez em 1911 e sempre tão revisitado por autores e leitores. Se a história fosse realizada com todas as tecnologias possibilitadas pela convergência digital, em determinado momento da narrativa, o leitor poderia captar sua imagem na câmera e jogá-la dentro da história, fazendo parte dela. Eu amaria virar Sininho ou o Capitão Gancho por alguns momentos. E você, preferiria ser o Jacaré?

Nesse mundo tecnológico caracterizado pela convergência, interatividade e rapidez, 10 anos é muito tempo. Por isso, de volta ao presente que nos permite projetar o futuro, recorro ao livro *A arte da animação*, dirigido ao público entre 8 e 13 anos e editado no já distante ano 2000. Nele as ilustrações de Raquel Coelho, ainda que no suporte tradicional do papel, estão muito próximas da linguagem dos livros animados, embora não se utilizem desse recurso.

Se tiver como acessar a página da artista na internet (<http://www.raquelrabbit.com>), você verá a imagem dela pintando bonecos moldados em uma massa branca. A partir desses "brinquedos", ela realiza suas propostas de ilustração com a ajuda de programas de computação gráfica. Transpostas para o papel, as novas imagens produzidas adquirem a impressão de ter um volume tridimensional, com as personagens sendo dotadas de caráter quase real. Você lê o livro como se ele fosse animado, isto é, dotado de imagens que se movem dentro de uma caixa, o livro. Mas, na realidade, é um orquestrado jogo de impressões visuais que nos levam a ter essa sensação de movimento.

A nova tecnologia dos computadores também trouxe inovações. Existem hoje animações inteiramente feitas no computador! O primeiro filme de longa-metragem feito dessa maneira chama-se *Toy Story*, que conta as aventuras dos brinquedos de um menino de um jeito muito inteligente e engraçado. Nesse filme, criado por um estúdio americano chamado Pixar, os animadores usaram a tecnologia dos computadores para desenvolver personagens tridimensionais. Diferentemente do que é feito nos desenhos animados, essas personagens se parecem com bonecos de verdade. Primeiro, o animador cria as poses básicas da personagem. O computador calcula as poses intermediárias. O animador vai, então, refinando o resultado e deixando tudo cada vez mais perfeito... O efeito final é belíssimo: uma mistura intrigante de realidade e fantasia.

Hoje em dia, muitos outros estúdios criam animações usando computadores. A computação gráfica é muito usada também na criação de efeitos especiais incríveis, substituindo parte do que antes era feito em ***stop motion***. O computador é usado na criação de quase todos os seres extraterrenos e naves espaciais, monstros horripilantes e todo tipo de criatura fantástica que se vê nos filmes.

Existem recursos modernos para integrar as animações aos filmes nos quais imagens de atores reais estão gravadas. É desse modo que os estúdios criam efeitos especiais para filmes de terror, de ação e de ficção científica.

Existem também os filmes em que a gente nem nota o trabalho feito nos computadores, pois neles a computação gráfica é usada apenas como uma ferramenta a mais para que uma boa história ganhe vida nas telas de cinema.

39

Lendo as explicações da autora, que se especializou em animação, posso deduzir que esse tipo de livro ainda em papel é passível de ser transformado com alguma facilidade em um livro animado virtual. Há nele o domínio do desenho, a preocupação com o estabelecimento de sequências articuladas e uma disposição da ilustração para a tridimensionalidade e a animação.

A começar pelo uso de um dos mais antigos recursos da arte da animação, que é a colocação de uma sequência de imagens, de um mesmo personagem, no caso o simpático mestre de cerimônias, na borda inferior externa das páginas pares. No ato de passar as páginas rapidamente, a sequência de imagens se transforma em única, mas dando a ilusão de intenso movimento. Na borda superior, o mesmo recurso é utilizado com sequências do filme *The Art of Survival*, dirigido por Cassidy Curtis. Conhecido como *flipbook* ou, na divertida tradução espanhola, chamado de "cine de dedo", esse tipo de animação já era comum no século 19 e demonstra que, para o bem da narrativa e de um bom livro, muitas técnicas podem coexistir.

No que se relaciona à questão específica da ilustração, um risco a que os livros infantis estão sujeitos diz respeito à qualidade da imagem, aos modos como essa arte sequencial será finalizada. Com muitos recursos tecnológicos à disposição, é grande a possibilidade de muita gente achar que é um ilustrador apenas porque domina a tecnologia que permite criar uma série de objetos e seres com alguma rapidez. Recorro mais uma vez à exemplificação: um bom professor de português nem sempre é um bom escritor, mas um escritor competente precisa dominar o português. Os ilustradores precisarão dominar a técnica cada vez mais, porém continuará sendo exigida deles uma perfeita integração entre texto e imagem, acrescida dos recursos da interação.

Autores e ilustradores continuarão a ter importância e, como já disse, precisarão se preocupar com o aprimoramento de suas técnicas e com os modos como definem a identidade de seus trabalhos, os caminhos pelos quais se expressam. Qualquer artista precisa conhecer e dominar o seu ofício. Saber contar uma história de maneira verbal e visual continuará a ser o desafio.

O que está mudando e mudará cada vez mais é o papel que desempenham. Seus textos verbais e visuais terão que estabelecer um diálogo cada vez maior com aquele com quem interagem, serão indutores de processos criativos que podem ser materializados com a ajuda de muitas ferramentas. O trabalho deles será cada vez maior, pois novas habilidades serão exigidas.

A imagem ocupará cada vez mais espaço como nos livros-álbuns, mas a ela serão agregados *hiperlinks*, e serão os autores que no meio da leitura do texto ou da imagem escolherão remeter o leitor a outros conteúdos. Por exemplo, eles poderão decidir que o leitor, ao passar o dedo sobre uma determinada palavra, encontrará a definição do dicionário para ela. Ou, caso o livro se refira a algo histórico, o leitor poderá acessar um *link* que explica tal fato.

Essa economia baseada em *links* é uma das características da internet. Ela ajuda a agregar valor ao associar informações. No caso dos *tablets*, a grande diferença é que o usuário não sai surfando de maneira errática, navegando em busca de mais informações sobre determinado tema. Ele age dentro do aplicativo, pois a informação estará previamente editada ou direcionada para uma página *on-line*.

Se o livro sobre os cânticos, de Ângela Lago, fosse um *e-book*, poderíamos já no título ter um *hiperlink* que remeteria o leitor, caso ele desejasse acionar, para o texto escrito na Bíblia. A mesma coisa ocorreria com *links* que vinculariam a estratégia visual das escadas à arte de Escher. Quem sabe, ao vermos as pequenas flores bordadas nas margens das páginas, pudéssemos ser transportados para a visão de antigas tapeçarias orientais?

Imagine, por exemplo, se o livro do Chapeuzinho Vermelho menino fosse um *e-book* com muitas possibilidades de hipertexto vinculadas às imagens. O leitor poderia ver a ilustração inspirada na tela *Blue Boy* e tocar em um *link* que mostraria a obra de Thomas Gainsborough, podendo relacioná-la com a trajetória do artista. Eu, para relembrá-la, consultei um livro sobre arte inglesa e também recorri a um site de busca à procura de mais informações sobre o autor. Tive que abrir páginas na internet para realizar parte da pesquisa. No *e-book*, esse esforço seria poupado, pois o caminho de onde achar a informação seria fornecido com um simples passar o dedo sobre a imagem e clicar.

O avanço da linguagem hipertextual provocará necessariamente um olhar mais atento sobre as obras dedicadas a crianças, porque, assim como poderemos vincular *links* que ajudem a esclarecer aspectos da narrativa, há uma possibilidade de que sejam criados também acessos para imagens que transmitam conteúdos vinculados ao *marketing*. Hoje a questão da propaganda preocupa teóricos da comunicação que tratam do jornalismo, pois com as novas mídias "os conteúdos podem misturar informações, entretenimento e serviço com material publicitário sem que isso seja facilmente perceptível pelo público e sem que seja explicitado pela publicação" (Costa, 2009, p. 242).

Proponho um novo exercício para exemplificar a questão. Adquiri uma caixa de ovos super engraçada, feita em plástico e mais resistente que aquelas de papelão que compramos em supermercados e feiras. Dentro, no lugar e no tamanho exato dos ovos, estão 12 diminutos livros, cada um com seis páginas. Na capa, aparecem os mais variados e bem desenhados pintinhos, todos em cor amarela bem viva. Cada um deles tem um nome e uma característica de personalidade. Pode ser "a tímida", "o desastrado" ou "a mandona".

Uma dúzia de diversão extra de livros ovos (2010) foi todo pensado a partir da linguagem da publicidade comercial. A ficha técnica vem abaixo da suposta tabela nutricional, que, por sua vez, estabelece todos os componentes do alimento comprado. Como se trata de uma imitação de uma caixa de ovos, os nutrientes são as gargalhadas, os sorrisos, as risadinhas e os doces pios que a leitura poderá provocar. É apenas uma brincadeira com uma linguagem, a comercial, e com um produto alimentar e de consumo, o ovo, coisas com as quais muitas crianças estão acostumadas desde bebês.

E se a coleção desses livros-ovos "frescos e novos", criada por Sally Doherty e Karen Sapp, fosse um *e-book*, com todos os recursos de interatividade possíveis, o que poderia acontecer? Veríamos a caixa de ovos se destacar virtualmente da tela, caso fosse utilizada a tecnologia 3D. Ou, em jogo mais vinculado à linguagem da propaganda, seria muito fácil encaixar, em algum lugar na falsa ficha nutricional, o *link* que remetesse a criança à página virtual de uma determinada empresa que vende ovos.

Crianças têm muita dificuldade em distinguir o conteúdo do que é o texto ficcional ou didático daquele que se refere à propaganda. Também se confundem sobre o que é uma imagem inerente à obra daquela que diz respeito à publicidade. É natural essa confusão devido à pouca maturidade como leitores, ao ainda pequeno conhecimento que têm do mundo.

Imagens veiculadas em livros de papel já apontam para essa indistinção de fronteiras entre os conteúdos e as linguagens presentes em uma narrativa infantil, o que indica a possibilidade de o *merchandising* – a propaganda de um produto inserida em uma expressão cultural, muito comum nas telenovelas – estar se aproximando dos livros infantis.

Vejamos *O metrô vem correndo*, do sul-coreano Dong-Jun Shin (2010). O desenho horizontal do livro, chamado de formato paisagem, permite ao leitor passear de metrô, andar pela rede de interligação de transportes de uma grande cidade. No caso, é a capital Seul, o que está explícito na placa que indica o nome do terminal rodoviário. Bilíngue em português e coreano, a obra tem ritmo acelerado e se utiliza da linguagem da publicidade. Cores, estímulos, formas e ícones da comunicação usada em placas destinadas à orientação dos cidadãos expõem a trama de códigos e sinais vistos pelos usuários do metrô.

Em forma de bilhete do metrô, o desenho dos personagens lembra a moderna tradição oriental de criação e difusão de videogames. Quando eles entram e saem dos vagões, é como se as páginas fossem invadidas pelos personagens de Pacman, um dos mais clássicos jogos, inventado pelo *designer* japonês Toru Iwatani. O corpo humano ganha contornos divertidos, coloridos, sempre em movimento. É onde o livro ganha caráter lúdico. Mas, como na veste de alguns dos bonecos aparece gravado o nome de uma empresa multinacional originária da Coreia, fica para o leitor mais atento a dúvida sobre se isso é uma maneira delicada e astuciosa de incluir a propaganda na narrativa.

As imagens criam uma narrativa visual que praticamente insere o leitor na agitação urbana, na tensão e pressa que caracterizam as metrópoles do século atual, ampliadas pela apropriação que o ilustrador fez da linguagem visual da propaganda. O artista reúne suas impressões sobre a cidade em um mosaico ágil, certos momentos nervoso, em especial na página em que se refere às buzinas dos carros e à pressa dos pedestres. Ao final, se distancia dessa linguagem e lança um olhar lírico sobre outras imagens da metrópole, escolhe e revela uma nova paisagem, mais calma, vinculada à natureza.

갈아타는 곳
Baldeação
換 乘
방화
BANGHWA
마천
MACHEON
5
Uns ficam, outros descem.
Viajantes se esbarram, uns apressados,
outros tranquilos, trocam de trem.
누구는 남아있고 누구는 내린다.
빠르게 천천히 비껴가는 사람들 열차를 갈아탄다.

O livro sobre o metrô dá uma ideia da profusão de estímulos imagéticos que podem afetar a produção literária destinada às crianças e nos leva a indagar o que ocorrerá no futuro, quando os hipertextos estiverem disseminados pelas telas e acessíveis para meninos e meninas de todas as idades. A questão faz sentido diante do fato de que, na era da internet, a publicidade *on-line* tem que estar "contextualizada", o que é possível graças ao reconhecimento automático dos interesses do internauta e dos conteúdos exibidos. Mais vale um link bem posicionado do que um anúncio maravilhoso que preencha a tela de todo mundo indiscriminadamente.

As mudanças na comunicação publicitária contribuem para que outras técnicas vinculadas ao *marketing* comecem a se fortalecer no mercado editorial voltado ao leitor emergente como parte integrante do livro. Em *O menino da terra* (2010), Ziraldo cria a aventura do garoto amarelo que sai do espaço terrestre e viaja pelo universo em uma máquina projetada pelo pai. Ao final, na contracapa, o leitor é convidado a participar de um jogo de realidade aumentada, que se aproxima do tema da narrativa.

O convite vem abaixo do desenho de um gostoso boneco, branco sobre fundo preto, e remete o leitor ao *site* da editora do livro, onde constam chamadas para os mais recentes lançamentos da empresa. Lá, somente após se cadastrar, com o fornecimento de dados pessoais e envio do endereço eletrônico, a criança exibe o desenho do boneco para a câmera de filmar instalada no computador e tem acesso ao jogo.

Até pouco tempo, esse tipo de "brinde" não exigia a identificação do leitor, não pedia seu cadastramento. Por exemplo, no convencional livro *365 histórias para contar – uma história por dia* (s.d.), texto e adaptação de Adriana Toledo, o leitor é convidado a continuar usufruindo narrativas, sendo ofertado a ele um DVD com cantigas animadas, encaixado na contracapa. Ao adquirir o volume com o DVD, o leitor permanece discreto, mantém o seu anonimato.

A comparação entre os dois tipos de "presentes", elaborados com um sistema de imagem+som, mas com um tipo de abordagem diferente, mostra que cada vez mais os produtos culturais se deixam contaminar pela linguagem do *marketing* e da publicidade e reforçam o papel de consumidor das crianças. Lipovetsky (Moi, 2010, p. 5) costuma dizer

que vivemos em uma era na qual o "hiperconsumidor está preso num emaranhado de informações e ele tem muitas regras a seguir". No caso dos jovens leitores, para que se desenredem desse excesso e usufruam melhor as narrativas, será preciso que aqueles que fazem a intermediação da leitura fiquem cada vez mais atentos para perceber os modos e caminhos com que a literatura infantil lida com a língua das imagens em um mundo dominado por elas.

Anotações para a leitura visual

Para tornar mais fácil a avaliação da comunicação feita pela imagem visual, reforço algumas questões que precisam ser levadas em consideração quando temos em mãos um livro destinado a crianças.

Projeto gráfico

- Indica como está construído o livro. Pode ser inovador já na materialidade do objeto, apresentando um formato diferente, que requer cortes especiais. Ou sua identidade pode estar definida apenas no tratamento interno das páginas.
- Já na capa, o projeto gráfico costuma indicar o tipo de produto que temos em mãos. Ao pegar um livro, gosto de pensar se ele é surpreendente em termos de imagem ou simplesmente previsível.
- Pode tornar mais ou menos legível e visível o texto. Tudo depende de como faz o tratamento da tipologia. A forma do texto também é uma comunicação por imagem. Chamamos a isso de enunciação gráfica.
- A colocação do texto verbal em diálogo com o visual percorre vários caminhos. Os mais comuns são a sua colocação fora da ilustração, isto é, abaixo, acima ou ao lado do texto visual. A tendência em livros-álbuns destinados a crianças muito pequenas é que o texto visual seja colocado como uma legenda ou vinheta da ilustração. Em outros casos, vem inserido dentro da ilustração, interferindo diretamente na leitura do desenho.

- As imagens poderão ser colocadas sem margem, como se estivessem livres nas páginas, ou contidas por uma moldura que demarca o espaço que ocupam. No livro digital tendem a se esparramar na página sem o recurso ao enquadramento, pois assim o movimento fica mais fácil.
- A forma do livro colabora para esmiuçar a relação entre os textos verbal e visual. É importante relembrar que, no livro-álbum, texto e ilustração têm importância semelhante. No livro-imagem, apenas a ilustração determina a leitura, estando o texto verbal ausente. Em um livro ilustrado, o texto escrito, isto é, a palavra, tem o predomínio, pois as ilustrações têm a função de acompanhar a narrativa.

Ilustração

- Não é a quantidade de imagens que define o valor de um livro, mas sim a função que elas exercem na narrativa. Por isso, todo detalhe de uma ilustração é importante.
- As funções podem ser, principalmente, de reiteração, contradição, ampliação ou sugestão. As imagens podem concordar, tensionar, negar, expandir ou propor uma visualidade nova para o que está dito com as palavras.
- A imagem torna-se mais rica quando explora as potencialidades expressivas de linha, cor, forma, criando ritmos visuais. Esses elementos plásticos contribuem para estruturar a narrativa.
- A posição dos personagens nas páginas contribui para a leitura da história. Imagens em página par tendem a ter menor importância que aquelas situadas em página ímpar. Imagens acima do meio da página costumam ser mais relevantes que aquelas inseridas abaixo. Imagens próximas às bordas das páginas dão ideia de que o movimento continua nas páginas seguintes.
- Uma ilustração "sangra" quando ocupa todo o espaço da página ou da página dupla.
- Os traços da ilustração adquirem diferentes características a depender do autor. Os esquemáticos são mais próximos do código

visual infantil da representação, com o uso de desenhos simplificados; os mais elaborados representam corpos e seres de maneira mais detalhada. Textos visuais que exageram na força expressiva de qualquer um dos dois tipos de traço tendem a parecer artificiais.

- Os traços podem ser figurativos, ao formarem imagens reconhecíveis do mundo. Ou abstratos, quando se afastam da ideia de realidade objetiva.
- As cores sugerem estados de ânimo. As quentes tendem ao dinamismo, ao agitado e também ao nervoso. Já as frias expressam sentimentos mais calmos, algo mais plácido.

A partir desses critérios, proponho rápida análise de sete livros editados em papel. Todos os anos, escolho um livro infantil como o mais bem elaborado naquele período. Um deles faz parte dessa extensa lista. Você conseguiria descobrir qual é?

Temqueliques - limeriques do poderoso e perigoso Temque

Tatiana Belinky e Suppa

São Paulo: Panda Books, 2008

28,0 cm x 21,0 cm

Livro dos mais divertidos, segue no texto visual a proposta lançada pelo verbal, pois limeriques são poemas curtos e bem-humorados. Os elementos plásticos e os narrativos contam a história de um senhor chamado Temque, dono da chata mania de ser um grande mandão. O livro reúne uma das mais consagradas autoras de livros infantis do país e uma ilustradora capaz de usar diferentes estratégias para traduzir o universo de brincadeiras e as associações que os poemas sugerem. As imagens são deslocadas nas páginas, feitas a partir de desenhos, mas parecem colagens (caso do papel higiênico e do bolo de noivado). Há muito contraste entre cores, explorando em especial a potencialidade expressiva do verde e do vermelho. O projeto gráfico criou como identidade uma marca semelhante a uma folha de caderno em forma retangular, na qual se insere a maior parte das ilustrações e do texto verbal. Os desenhos dos personagens não detalham os corpos, são traços rápidos que apenas os delineiam.

A leveza deles é potencializada pelo fato de ficaram espalhados pelas páginas sem uma base de apoio. Chamo a atenção para o desenho ao estilo *pop* das roupas e sapatos.

Os três jacarezinhos

Você NÃO TEMQUE obedecer
Ordens que não pode entender
Exija então
Uma explicação
É o seu direito saber!
Você TEMQUE ser pontual
Cumprir o horário é legal
Chegar atrasado
Pro próprio noivado
Pode ter um triste final

Helen Ketteman e Will Terry
Belo Horizonte: Autêntica, 2010
Tradução de Cecília Martins
19,3 cm x 25,0 cm

Releitura paródica do clássico *Os três porquinhos*, conta a história de um javali que tenta devorar três jacarezinhos. A marca de identidade dos jacarés está nos adereços que usam: chapéu de palha, boné e óculos. Os tons laranja, terra avermelhado e marrom predominam, dando a ideia de excitação e perigo. As ilustrações feitas com tinta acrílica passaram por um processo de editoração gráfica, se aproximando muito da linguagem dos desenhos animados da atualidade. Elas dão aos personagens um caráter deformado, exagerando na expressão

dos olhos, que quase se tornam personagens também. O espaço ocupado pelo texto visual é sempre maior do que aquele destinado ao verbal, e a integração entre eles se alterna nas páginas. O último pode estar em cima, embaixo, o que joga com a sensação de movimento e aumenta o poder das sequências. Quando o "bundão" do javali se espreme chaminé adentro, o leitor é obrigado a mudar a posição do livro, que se estende em uma vertical descendente, rumo ao fogo. Na sequência seguinte, aparece o bicho sendo queimado na grelha da churrasqueira. A nota irônica é que, ao lado, aparecem todos os condimentos industriais para um bom churrasco, produtos contemporâneos inseridos em uma história atemporal.

Tudo depende

José Manuel Mateo e Margarita Sada

São Paulo: Callis, 2007

Tradução de Thaís Rimkus

27,7 cm x 14,0 cm

O projeto gráfico associado às ilustrações propõe uma experiência radical de leitura. Tudo dependerá de como o livro é manuseado. O leitor é sempre reivindicado a reagir, precisando modificar a posição das páginas para conseguir lê-las. Elas podem estar de cabeça para baixo, de lado, iniciando pela esquerda ou a partir da direita, por cima ou por baixo. O formato longilíneo facilita a movimentação. As ilustrações ganham ênfase com o uso do lápis *crayon*, em especial na definição da cabeleira em preto da personagem Maria, a menina que está sempre pensando nas coisas que gostaria de mudar em sua vida e termina por perceber que tudo é relativo. Os traços dos desenhos são quase esquemáticos, têm um caráter lírico, e o figurino das roupas é modernoso. O texto verbal ocupa um espaço pequeno nas páginas, dando força às imagens, que ficam soltas e reforçam a ideia da liberdade de interpretação dos fatos.

Lampião & Lancelote

Fernando Vilela

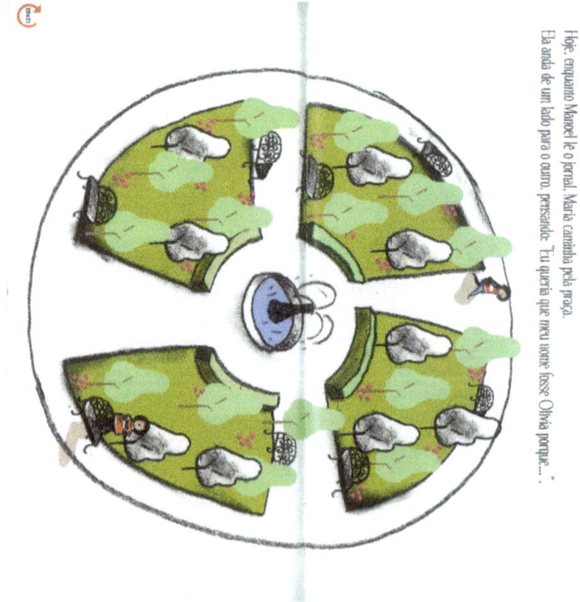

Tudo
depende
José Manuel Mateo
Ilustrações de Margarita Sada

São Paulo: Cosac Naify, 2006
25,8 cm x 35,5 cm

Chamo-o de livro-conceito por entender que a pesquisa para realizá-lo foi grande. A riqueza se dá na fusão de vários elementos do passado para criar uma obra luxuosa e única. Estão presentes o recurso ao uso de personagens míticos e históricos, a apropriação da arte da gravura, transposta para uma abordagem mais contemporânea, e a elaboração do texto verbal baseado nas linguagens do cordel e dos duelos. O encontro entre o cavaleiro medieval Lancelot e o cangaceiro Lampião equilibra o verbal e o visual, pois ambos têm equivalente importância, sendo um livro de textualidade híbrida. As técnicas da xilogravura definem o ambiente sertanejo. Carimbo e desenhos moldam o mundo medieval. Duas cores identificam os personagens – prateado para Lancelot, cobre para Lampião. Eles usam armadura e chapéu que os identificam, mas que impedem a visão de seus rostos. Em capa dura, a edição possui uma página dupla que se desdobra para fora do livro, sendo seu ponto máximo de beleza. Na página sangrada, a cena de guerra parece uma pintura abstrata de tão sobrepostas que estão as imagens em prata, preto e cobre sobre fundo branco. Trata-se de jogo ilusório, pois um olhar atento identificará foices, lanças, escudos medievais e chapéus típicos do cangaço.

O menino, a guerra e a bola
Jean-Baptiste Cabaud e Fred Bernard

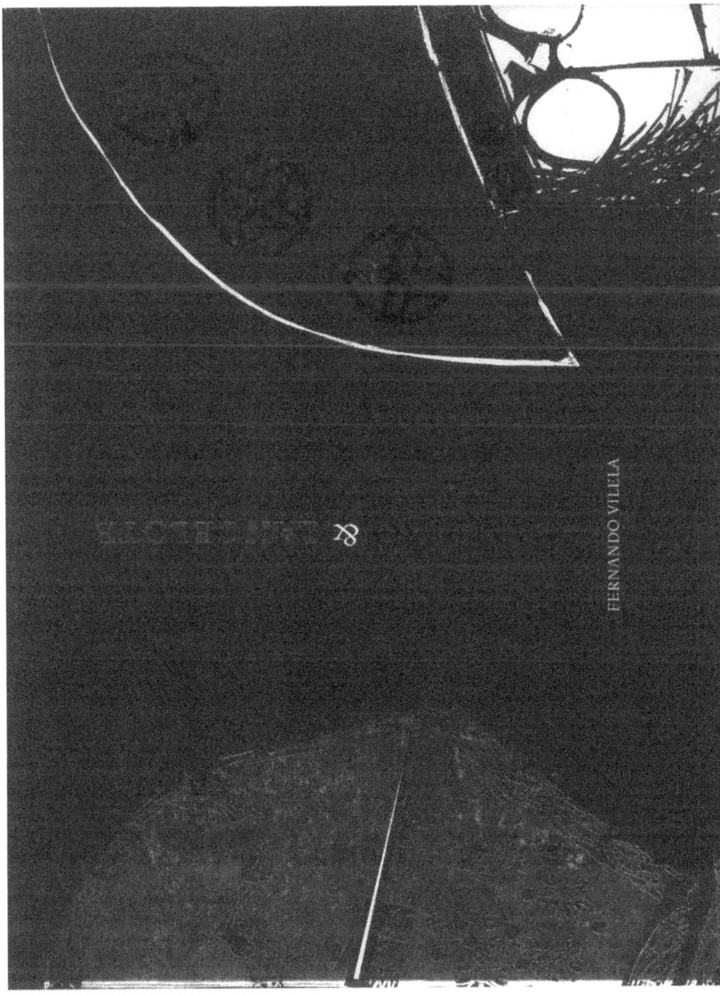
FERNANDO VILELA

São Paulo: Martins Fontes, 2009
Tradução de Mônica Stahel
16,0 cm x 25,0 cm

O preto e o branco compõem e predominam nas ilustrações. Feito em carvão/*crayon*, o texto visual reitera o verbal. O grande diferencial é a astúcia de transformar a cor vermelha em enunciado gráfico, quase um personagem. O projeto gráfico faz com que essa cor compareça todas as vezes que a letra "o" é utilizada no texto verbal, rememorando seu formato similar ao de uma bola. Só da metade em diante do livro é que o leitor descobre novo sentido para a história: um garotinho atravessa largo campo de batalha em meio à Primeira Guerra Mundial para buscar a sua bola de jogar, brinquedo que também ganha a cor de sangue. Ou seria para recuperar o mundo agitado, o reino de brincadeiras vibrantes e coloridas que perdeu? Até esse momento, o leitor acompanha a história da guerra e se sente atraído para as letras "o" realçadas nas palavras, tendo a sensação de que uma bola rola lentamente pelas páginas.

O sonho que brotou
Renato Moriconi

Então os soldados desviaram os olhos, porque de repente uma voz na colina falou mais alto do que a voz louca. Era uma voz aflita que gritava: "Não! Volte! Volte aqui!" E a voz corria atrás de um menino que corria atrás de uma bola que corria pela colina rumo aos campos de batalha.

17

São Paulo: Difusão Cultural do Livro, 2010
25,8 cm x 25,8 cm

Na história da menina cujos sonhos se transformavam em realidade, o livro tem formato quadrado, mas ele é diferente, pois recorda cadernos de desenho que são abertos na vertical. A opção por tal formato parece recordar que sonhos vêm de cima. É uma forma sofisticada de remeter aos desenhos animados e às histórias em quadrinhos que tendem a vincular os sonhos ao alto, às nuvens. Preto e branco predominam nos desenhos, que parecem feitos com caneta esferográfica, recordando o ato de realizar traços livres e despreocupados, rabiscos que adultos e crianças de todas as idades realizam no dia a dia. As faces da garota são pontuadas pela cor vermelha, assim como as imagens relativas aos sonhos. O mundo imaginário torna-se mais vibrante do que aquele ancorado na

realidade. Ao final do livro, o autor explica que usou a mão direita para desenhar os sonhos e, com a esquerda, realizou os desenhos relacionados ao chamado mundo real, destacando ser ele canhoto. A informação não altera a percepção de que, em termos de definição do traço, todos os desenhos têm o mesmo tom de naturalidade, parecendo ser algo espontâneo. A decisão de deixar as ilustrações livres, de usar o resumido texto apenas como um vetor que indica as ações da personagem e de deixar as folhas com muito espaço em branco transferem para o leitor a sensação de que se trata de um caderno de desenho que pertence a ele.

É um livro

Lane Smith

São Paulo: Companhia das Letrinhas, 2010

Tradução de Júlia Moritz Schwarcz

26,0 cm x 21,0 cm

Escolhi esta obra por entender que ela resume algumas questões analisadas a respeito do universo digital. Nela, o leitor com idade entre quatro e seis anos se diverte ao perceber as diferenças existentes entre o mundo das telas e o do livro impresso em papel. Três animais, um rato, um burrico e um macaco dominam as páginas e dialogam sobre um objeto que dispensa o *mouse*, não precisa de senha para ser acessado e jamais necessita ter a bateria carregada. Na única página dupla, as imagens mostram ainda que o estranho objeto pode prender a atenção de quem o segura por muitas e maravilhosas horas. Em exercício intertextual com o passado, que é também o presente do livro em papel, aparecem referências a Long John Silver, personagem criado pelo escritor escocês Robert Louis Stevenson (1850-1894), no famoso *A ilha do tesouro*, agora transformado em um robusto pirata com cara de leão. A folha de rosto rompe o padrão tradicional e já apresenta todos os personagens, inclusive o principal deles, o livro. As ilustrações e o texto escrito compõem um livro-álbum, em que a integração entre o visual e o verbal complementa o sentido da história narrada e busca demonstrar que a tecnologia tradicional continua sendo um suporte importante na hora de se contar uma boa aventura.

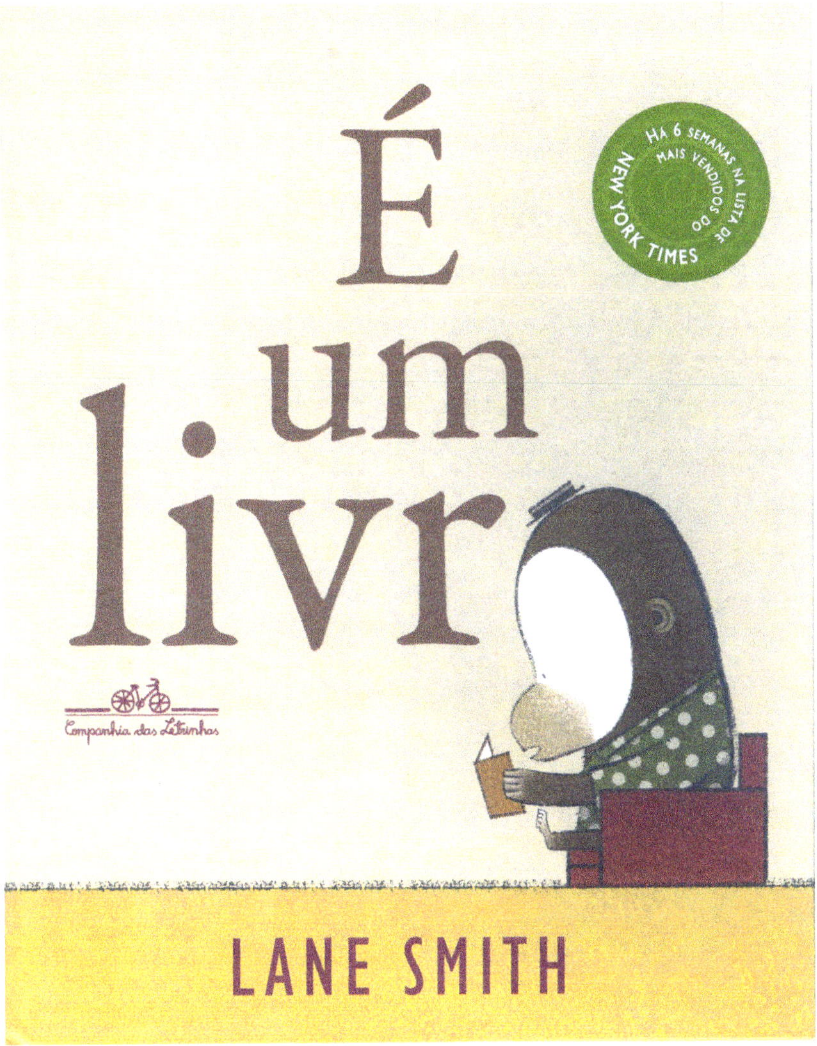
HÁ 6 SEMANAS NA LISTA DE MAIS VENDIDOS DO NEW YORK TIMES
É um livr
Companhia das Letrinhas
LANE SMITH

Referências

ALBINI, Eduardo. *Semente – S.O.S florestas*. Belo Horizonte: Autêntica, 2010.

ALPHEN, Jean-Claude R. *É o bicho!* São Paulo: Companhia das Letrinhas, 2009.

ANDERSEN, Hans Christian. *O Patinho Feio*. São Paulo: Melhoramentos, 1915. (*fac-símile*, 1990).

ANDERSEN, Hans Christian. *O Patinho Feio*. São Paulo: Virtual Books, 2000. Versão digital em pdf.

ANDREAE, Giles; PARKER-REIS, Guy. *Girafas não sabem dançar*. Tradução de Eduardo Brandão. Engenharia de papel de Corina Fletcher. São Paulo: Companhia das Letrinhas, 2009.

ARIZPE, Evelyn; STYLES, Morag. *Children Reading Pictures – Interpreting Visual Texts*. New York: Routledge, 2003.

AUMONT, Jacques. *A imagem*. Campinas: Papirus, 1993.

BARRO, João de; SCATAMACCHIA, Claudia. *Chapeuzinho Vermelho*. São Paulo: Moderna, 1995.

BELINKY, Tatiana; SUPPA. *Temqueliques – limeriques do poderoso e perigoso Temque*. São Paulo: Panda Books, 2008.

BERG, Leen Van De; INGELBEEN, Ann. *A preciosa pergunta da pata*. São Paulo: Brinque-Book, 2007.

BETTELHEIM, Bruno. *A psicanálise dos contos de fadas*. Tradução de Arlene Caetano. São Paulo: Paz e Terra, 1979.

BRENMAN, Ilan; RANDO, Silvana. *Gabriel*. São Paulo: Brinquebook, 2008.

CABAUD, Jean-Baptiste; BERNARD, Fred. *O menino, a guerra e a bola*. Tradução de Mônica Stahel. São Paulo: Martins Fontes, 2009.

CADEMARTORI, Ligia. *Alice no País das Maravilhas*. Tradução e adaptação da obra de Lewis Carroll. Ilustração de Marília Pirillo. São Paulo: FTD, 2010.

CADEMARTORI, Ligia. Para não aborrecer Alice. In: PAIVA, Aparecida; SOARES, Magda. *Literatura infantil – políticas e concepções*. Belo Horizonte: Autêntica, 2008. p. 79-90.

CALABRESE, Omar. *A idade neobarroca*. São Paulo: Martins Fontes, [s.d.]

CAMARGO, Luis. Para que serve um livro com ilustrações. In: JACOBY, Sissa. *A criança e a produção cultural – do brinquedo à literatura*. Porto Alegre: Mercado Aberto, 2003. p. 273-301.

CANINI. *Um redondo pode ser quadrado?* São Paulo: Saraiva, 2007.

CARROLL, Lewis. *Alice – Aventuras de Alice no País das Maravilhas & Através do espelho e o que Alice encontrou por lá*. Tradução de Maria Luiza X. de A. Borges. São Paulo: Zahar, 2010.

CARROLL, Lewis. *Alice in Wonderland*. London/Seatle: Atomics Antelope, 2010. Versão digital para Ipad.

CARROLL, Lewis. *Alice no País das Maravilhas*. Tradução de Nicolau Sevcenko. São Paulo: Scipione, 1986.

CASTOR, Harriet; BASIC, Zdeno. *Alice no País das Maravilhas*. São Paulo: Ciranda Cultural, 2010.

CAUQUELIN, Anne. *A invenção da paisagem*. Tradução de Marcos Marcionillo. São Paulo: Martins Fontes, 2007

CAVALCANTE, Nathalia Sá. *Passarinhando*. Rio de Janeiro: JPA, 2007.

CHILD, Lauren. *Clarice Bean sou eu*. Tradução de Isa Mara Lando. São Paulo: Ática, [s.d.].

CHILD, Lauren. *Eu não quero dormir agora*. Tradução de Lavínia Fávero. São Paulo: Ática, 2009.

CISNES E GANSOS. Rio de Janeiro: Rio Gráfica, [s.d.].

COELHO, Raquel. *A arte da animação*. Belo Horizonte: Formato, 2000.

COLLINS. *Dicionário escolar*. Rio de Janeiro: Disal, 2006.

COSTA, Caio Túlio. *Ética, jornalismo e nova mídia – uma moral provisória*. São Paulo: Zahar, 2009.

COUTINHO, Maria Antônia Ramos; BALBACHEVSKY, Igor. *Os olhos não queriam dormir*. São Paulo: FTD, 1990.

COZENDEY, Ana Carla. *O risco e o fio*. São Paulo: Ática, 2008.

CRUZ, Nelson. *Mateus*. São Paulo: Paulinas, 1997.

CRUZ, Nelson. *Mateus*. São Paulo: Scipione, 2006.

CUNHA, Maria Zilda. *Na tessitura dos signos contemporâneos – novos olhares para a literatura infantil e juvenil*. São Paulo: Paulinas, 2009.

DEMETRIO, Amanda. Cresce a presença de crianças na web. *Folha de S. Paulo*, São Paulo, 29 set. 2010. Caderno TEC, p. 3.

DICCIONARIO DE LA LENGUA ESPAÑOLA. Madrid: Real Academia Española, 1992.

DOHERYTY, Sally; SAPP, Karen. *Uma dúzia de diversão extra de livros ovos*. São Paulo: Ciranda Cultural, 2010.

DUDA, Christian; FRIESE, Julia. *Todos os patinhos*. Tradução de Marcus Mazzari. São Paulo: Cosac Naify, 2009.

DURÁN, Teresa. Ilustración, comunicación, aprendizaje. In: *Revista de Educación*. Madrid: Ministerio de Educación, 2005, número extraordinario, p. 239-253. Disponível em: <http://www.revistaeducacion.mec.es/re2005/re2005_18.pdf>. Acesso em: 14 mar. 2010.

ECO, Umberto. *A misteriosa chama da rainha Loana*. Rio de Janeiro: Record, 2005.

EISNER, Will. *Quadrinhos e Arte Sequencial*. Tradução de Luiz Carlos Borges. São Paulo: Martins Fontes, 2001.

ERLBRUCH, Wolf. *O pato, a morte e a tulipa*. Tradução de José Marcos Macedo. São Paulo: Cosac Naify, 2009.

FERREIRA, Aurélio Buarque de Holanda. *Novo dicionário da língua portuguesa*. Rio de Janeiro: Nova Fronteira, [s.d.].

FRANÇA, Eliardo; FRANÇA, Mary. *O Patinho Feio*. São Paulo: Ática, 1999. (Adaptação do conto de Hans Andersen.)

FREITAS, Tino; MASSARANI, Mariana. *Cadê o juízo do menino?* Rio de Janeiro: Manati, 2009.

FUNARI, Eva. *Felpo Filva*. São Paulo: Moderna, 2006.

GRIBEL, Christiane; ORLANDO. *Não vou dormir*. São Paulo: Global, 2007.

HARTHAN, John. *The Illustrated Book – The Western Tradition*. New York: Thames and Hudson, 1981.

HUNT, Peter. *Crítica, teoria e literatura infantil*. Tradução de Cid Knipel Moreira. São Paulo: Cosac Naify, 2010.

IMAGENS E ILUSTRAÇÕES DE CONTOS DE FADAS, LENDAS E MITOS. Disponível em: <http://volobuef.tripod.com/page_maerchen_ilustracoes_volksm.htm>. Acesso em: 20 mar. 2010.

JUNQUEIRA, Sonia; HADDAD, Mariângela. *A menina e o tambor*. Belo Horizonte: Autêntica, 2009.

JUNQUEIRA, Sonia; HADDAD, Mariângela. *A velhinha na janela*. Belo Horizonte: Autêntica, 2008.

JUNQUEIRA, Sonia; HADDAD, Mariângela. *O gato e a menina*. Belo Horizonte: Autêntica, 2008.

JUNQUEIRA, Sonia; HADDAD, Mariângela. *O menino e a gaiola*. Belo Horizonte: Autêntica, 2008.

JUNQUEIRA, Sonia; HADDAD, Mariângela. *Os feitiços do vizinho*. Belo Horizonte: Autêntica, 2009.

KERLEROUX, Dan. *O patinho feio*. Tradução de Eduardo Brandão. São Paulo: Companhia das Letrinhas, 2010. (Adaptação do conto de Hans Christian Andersen.)

KETTEMAN, Helen; TERRY, Will. *Os três jacarezinhos*. Tradução de Cecília Martins. Belo Horizonte: Autêntica, 2010.

LAGO, Ângela. *O cântico dos cânticos*. São Paulo: Paulinas, 1992.

LAVATER, Warja. *La Belle au bois dormant*. Paris: Maeght, 1982.

LEHR, Susan S. Utterly and absolutely exceptionordinarily. In: SIPE, Lawrence; PANTALEO, Sylvia (Eds.). *Postmodern Picturebooks – Play, Parody and Self-Referentiality*. New York: Routledge, 2008, p. 164-179.

LEMOS, Helen Denise Daneres. *A dinâmica das interações visuais e verbais no livro produzido para* crianças – *um olhar sobre o PNBE 2005*. Tese (Doutorado) – Faculdade de Educação, Universidade Federal de Minas Gerais, Belo Horizonte, 2009.

LEWIS, David. *Reading Contemporary Picturebooks/Picturing Text*. London/New York: Routledge, 2001.

LIMA, Graça. *Dez patinhos*. São Paulo: Companhia das Letrinhas, 2010.

LOBATO, Monteiro. *Narizinho – a menina do nariz arrebitado*. São Paulo: Globo, 2010. Ilustração de Rogério Coelho. Versão digital para Ipad.

LOBATO, Monteiro. *Reinações de Narizinho*. São Paulo: Globo, 1992. v. I.

LOBATO, Monteiro. *Reinações de Narizinho*. São Paulo: Globo, 2008, v. 1. Ilustração de Paulo Borges.

LOBATO, Monteiro. *Reinações de Narizinho*. São Paulo: Globo, 2007, v. 2. Ilustração de Paulo Borges.

MACHADO, Juarez. *Ir e vir*. Rio de Janeiro: Agir, 2001.

MACIEL, Nahima. Para a criançada ler. *Correio Braziliense*, 10 fev. 2010. Caderno Diversão e Arte, Brasília, capa-p. 3.

MANEVY, Alfredo. O papel da conferência de cultura. *Zero Hora*, 25 jan. 2010. Porto Alegre.

MATEO, José Manuel; SADA, Margarita. *Tudo depende*. Tradução de Thaís Rimkus. São Paulo: Callis, 2007.

MELLO, Roger. *Carvoeirinhos*. São Paulo: Companhia das Letrinhas, 2009.

MELLO, Roger. *João por um fio*. São Paulo: Companhia das Letrinhas, 2005.

MELLO, Roger. *Meninos do mangue*. São Paulo: Companhia das Letrinhas, 2001.

MELLO, Roger. *Selvagem*. São Paulo: Global, 2010.

MOI, Izabela. Bem-estar e o novo luxo – o sociólogo francês Gilles Lipovetsky conta como a era do hiperconsumo está transformando nossos conceitos e vontades. *Folha de S.Paulo*, São Paulo, 28 set. 2010. Caderno Equilíbrio, p. 4-5.

MORICONI, Renato. *O sonho que brotou*. São Paulo: Difusão Cultural do Livro, 2010.

NEIVA JÚNIOR, Eduardo. *A imagem*. São Paulo: Ática, 1986.

NOVAES, Adauto (Org.). *O olhar*. São Paulo: Companhia das Letras, 1988.

O PATINHO FEIO. Versão em pdf do conto de Hans Christian Andersen. Virtualbooks Online, 2000. In: <http://virtualbooks.terra.com.br/freebook/infantis/o_patinho_feio.htm>. Acesso em: 18. ago. 2010.

OLIVEIRA, Rui de. *Pelos jardins Boboli – reflexões sobre a arte de ilustrar livros para crianças e jovens*. Rio de Janeiro: Nova Fronteira, 2008.

ORTHOF, Sylvia. A *vaca Mimosa e a mosca Zenilda*. São Paulo: Ática, 1982. Desenhos de Gê Orthof.

ORTHOF, Sylvia. *Cabidelim, o doce monstrinho caótico*. Rio de Janeiro: Memórias Futuras, 1986.

ORTHOF, Sylvia. *Fada Fofa e os 7 anjinhos*. Rio de Janeiro: Nova Fronteira, 2009.

ORTHOF, Sylvia. *Fada Fofa em Paris*. Rio de Janeiro: Nova Fronteira, 2009.

ORTHOF, Sylvia. *Fada Fofa, Onça-fada*. Rio de Janeiro: Nova Fronteira, 2009. Desenhos completados por Tato.

ORTHOF, Sylvia. *Galo, galo, não me calo*. Belo Horizonte: Formato, 1992. Desenhos de Cláudio Martins.

ORTHOF, Sylvia. *Jogando conversa fora*. São Paulo: FTD, 1988. Desenhos de Gê Orthof.

ORTHOF, Sylvia. *Maria-vai-com-as-outras*. São Paulo: Ática, 1982.

ORTHOF, Sylvia. *Rabiscos ou rabanetes*. Rio de Janeiro: Codecri, 1981. Desenhos de Gê Orthof.

PARCERISAS, Pilar. Los libros visuales de Joan Brossa. In: GUERRERO, Manuel. *Joan Brossa – o la revuelta poética*. Barcelona: Departamento de Cultura de la Generalitat de Catalunya/Fundación Joan Brossa, 2001. p. 416-421.

PERNIOLA, Mario. *Pensando o ritual*. Tradução de Maria do Rosário Toschi. São Paulo: Studio Noel, 2000.

POWERS, Alan. *Children's Book Cover – Great Book Jacket and Cover Design*. London: Mitchell Beazley, 2003.

QUINTANA, Mario. *O batalhão das letras*. São Paulo: Globo, 1992.

RAMOS, Graça. *Ironia à brasileira – o enunciado irônico em Machado de Assis, Oswald de Andrade e Mario Quintana*. São Paulo: Paulicéia, 1995.

RAMOS, Graça. Por dentro do coração selvagem. *Correio Braziliense*, Brasília, 3 nov. 2007. Caderno Pensar, p. 4-5.

RAMOS, Graça; GALENO. *Casa do sabor*. Belo Horizonte: Autêntica, 2011.

RIBEIRO, Milton. *Planejamento visual gráfico*. Brasília: Linha Gráfica, 1997.

ROBERTS, Lynn; ROBERTS, David. *Chapeuzinho Vermelho – uma aventura borbulhante*. São Paulo: Nobel Franquias, 2009.

SÁ, Sérgio de. *A reinvenção do escritor – literatura e mass media*. Belo Horizonte: Editora UFMG, 2010.

SALISBURY, Martin. *Ilustración de libros infantiles – cómo crear imágenes para su publicación*. Barcelona: Acanto, 2005.

SALISBURY, Martin. *Imágenes que cuentan – nueva ilustración de libros infantiles*. Barcelona: Gustavo Gilli, 2007.

SALISBURY, Martin. The Artist and the Postmodern Picturebook. In: SIPE, Lawrence; PANTALEO, Sylvia (Eds.). *Postmodern Picturebooks – Play, Parody and Self-Referentiality*. New York: Routledge, 2008. p. 22-40.

SCHWITTERS, Kurt. *Lucy Hans and Other Merz Fairy Tales*. New Jersey: Princepton University Press, 2009.

SEDER, Rufus Butler. *É Gol!*. Tradução de Alice Dias e Tomás Pereira. Rio de Janeiro: Sextante Infantil, 2009.

SENDAK, Maurice. *Onde vivem os monstros*. Tradução de Heloisa Jahn. São Paulo: Cosac Naify, 2009.

SHIN, Dong-Jun. *O metrô vem correndo*. Tradução de Yun Jun Im. São Paulo: Cosac Naify, 2010.

SHULEVITZ, Uri. *Writing with Pictures – How to Write and Illustrate Children's Books*. New York: Randon House, 1985.

SIGUEMOTO, Regina; MARTINEZ. *A vaca Rebeca*. São Paulo: Scipione, 2009.

SIPE, Lawrence; PANTALEO, Sylvia (Eds.). *Postmodern Picturebooks – Play, Parody and Self-Referentiality*. New York: Routledge, 2008.

SMITH, Lane. *É um livro*. Tradução de Júlia Moritz Schwarcz. São Paulo: Companhia das Letrinhas, 2010.

TIJEN, Tjebbe Van; VOJTECHOVSKY, Milos. Orbis Pictus revisado: uma exposição interativa. Disponível em: <http://imaginarymuseum.org/OPR/OPRWAAGE.HTM>. Acesso em: 22 maio. 2010.

TIlKE, Max; BRUHN, Wolfgang. *Encyclopédie du costume*. Paris: Albert Morancé, 1955.

TOLEDO, Adriana. *365 histórias – uma história por dia*. Blumenau: Bicho Esperto, [s.d.].

TSCHICHOLD, Jan. *A forma do livro – ensaios sobre a tipografia e a estética do livro*. Tradução de José Laurêncio de Melo. São Paulo: Ateliê, 2007.

VASQUES, Cristina Maria. Literatura e cores entrelaçadas em *Flicts*, de Ziraldo: uma vanguarda brasileira. Disponível em: <http:/www.abralic.org/anais/cong2008/AnaisOnline/simposios/pdf/022/CRISTINA_VASQUES.pdf, 2008>. Acesso em: 16 maio. 2010.

VILELA, Fernando. *Lampião & Lancelote*. São Paulo: Cosac Naify, 2006.

WIERZCHOWSKI, Leticia; NEVES, Virgilio. *Era outra vez um gato xadrez*. Rio de Janeiro: Galerinha Record, 2008.

WIGAN, Mark. *Pensar visualmente – lenguaje, ideas y técnicas para el ilustrador*. Barcelona: Gustavo Gilli, 2008.

WILD, Margareth; BROOKS, Ron. *Raposa*. Tradução de Gilda Aquino. São Paulo: Brinque-Book, 2005.

ZIRALDO. *Flicts – edição comemorativa*. São Paulo: Melhoramentos, 2009.

ZIRALDO. *Flicts*. São Paulo: Melhoramentos, 2002.

ZIRALDO. *O menino da terra*. São Paulo: Melhoramentos, 2010.

Relação de imagens citadas

P. 14: LOBATO, Monteiro. *Reinações de Narizinho*. São Paulo: Globo, 2008, v. 1, capa.

P. 15: LOBATO, Monteiro. *Reinações de Narizinho*. São Paulo: Globo, 2007, v. 2, capa.

P. 22: ANDERSEN, Hans Christian. *O Patinho Feio*. São Paulo: Melhoramentos, 1915. (*fac-símile*, 1990), capa.

P. 24: ANDERSEN, Hans Christian. *O Patinho Feio*. São Paulo: Melhoramentos, 1915. (*fac-símile*, 1990), p. 14-15.

P. 27: WIERZCHOWSKI, Leticia; NEVES, Virgilio. *Era outra vez um gato xadrez*. Rio de Janeiro: Galerinha Record, 2008, s/n.

P. 32: ERLBRUCH, Wolf. *O pato, a morte e a tulipa*. Tradução de José Marcos Macedo. São Paulo: Cosac Naify, 2009, s/n.

P. 37: CRUZ, Nelson. *Mateus*. São Paulo: Paulinas, 1997, p. 6.

P. 38: Idem, p. 7.

P. 39: CRUZ, Nelson. *Mateus*. São Paulo: Scipione, 2006, p. 12.

P. 40: Idem, p. 13.

P. 43: COZENDEY, Ana Carla. *O risco e o fio*. São Paulo: Ática, 2008, p. 30.

P. 44: Idem, p. 31.

P. 45: Idem, s/n.

P. 46: QUINTANA, Mario. *O batalhão das letras*. São Paulo: Globo, 1992, s/n.

P. 53: BERG, Leen Van De; INGELBEEN, Ann. *A preciosa pergunta da pata*. São Paulo: Brinque-Book, 2007, p. 6-7.

P. 58: CASTOR, Harriet; BASIC, Zdeno. *Alice no País das Maravilhas*. São Paulo: Ciranda Cultural, 2010, s/n.

P. 64: ORTHOF, Sylvia. *Rabiscos ou rabanetes*. Rio de Janeiro: Codecri, 1981. Desenhos de Gê Orthof, capa.

P. 65: Idem, p. 20-21.

P. 69: ORTHOF, Sylvia. *Cabidelim, o doce monstrinho caótico*. Rio de Janeiro: Memórias Futuras, 1986, s/n.

P. 72: ORTHOF, Sylvia. *Fada Fofa em Paris*. Rio de Janeiro: Nova Fronteira, 2009, capa.

P. 73: Idem, p. 10-11.

P. 75: CHILD, Lauren. *Clarice Bean sou eu*. Tradução de Isa Mara Lando. São Paulo: Ática, [s.d.], s/n.

P. 78: MELLO, Roger. *Carvoeirinhos*. São Paulo: Companhia das Letrinhas, 2009, s/n.

P. 80: MELLO, Roger. *João por um fio*. São Paulo: Companhia das Letrinhas, 2005, s/n.

P. 88: WILD, Margareth; BROOKS, Ron. *Raposa*. Tradução de Gilda Aquino. São Paulo: Brinque-Book, 2005, s/n.

P. 91: BRENMAN, Ilan; RANDO, Silvana. *Gabriel*. São Paulo: Brinquebook, 2008, p. 8.

P. 93: SIGUEMOTO, Regina; MARTINEZ. *A vaca Rebeca*. São Paulo: Scipione, 2009, p. 12-13.

P. 95: GRIBEL, Christiane; ORLANDO. *Não vou dormir*. São Paulo: Global, 2007, s/n.

P. 97: DUDA, Christian; FRIESE, Julia. *Todos os patinhos*. Tradução de Marcus Mazzari. São Paulo: Cosac Naify, 2009, s/n.

P. 99: ROBERTS, Lynn; ROBERTS, David. Chapeuzinho Vermelho – uma *aventura borbulhante*. São Paulo: Nobel Franquias, 2009, s/n.

P. 100. Idem, s/n.

P. 106: LAVATER, Warja. *La Belle au bois dormant*. Paris: Maeght, 1982, capa.

P. 107: Idem, p. s/n.

P. 111: CAVALCANTE, Nathalia Sá. *Passarinhando*. Rio de Janeiro: JPA, 2007, p. 8-9.

P. 112: Idem, p. 20-21.

P. 115: ALPHEN, Jean-Claude R. *É o bicho!* São Paulo: Companhia das Letrinhas, 2009, s/n.

P. 116: Idem, p. s/n.

P. 121: LAGO, Ângela. *O cântico dos cânticos*. São Paulo: Paulinas, 1992, s/n.

P. 129: ANDREAE, Giles; PARKER-REIS, Guy. *Girafas não sabem dançar*. Tradução de Eduardo Brandão. Engenharia de papel de Corina Fletcher. São Paulo: Companhia das Letrinhas, 2009, s/n.

P. 131: SEDER, Rufus Butler. *É Gol!*. Tradução de Alice Dias e Tomás Pereira. Rio de Janeiro: Sextante Infantil, 2009, s/n.

P. 132: Idem, p. s/n.

P. 137: COELHO, Raquel. *A arte da animação*. Belo Horizonte: Formato, 2000, p. 38-39.

P. 142: SHIN, Dong-Jun. *O metrô vem correndo*. Tradução de Yun Jun Im. São Paulo: Cosac Naify, 2010, s/n.

P. 144: ZIRALDO. *O menino da terra*. São Paulo: Melhoramentos, 2010, capa.

P. 148: BELINKY, Tatiana; SUPPA. *Temqueliques – limeriques do poderoso e perigoso Temque*. São Paulo: Panda Books, 2008, capa.

P. 149: Idem, p. s/n.

P. 150: KETTEMAN, Helen; TERRY, Will. *Os três jacarezinhos*. Tradução de Cecília Martins. Belo Horizonte: Autêntica, 2010, capa.

P. 151: Idem, s/n.

P. 152: MATEO, José Manuel; SADA, Margarita. *Tudo depende*. Tradução de Thaís Rimkus. São Paulo: Callis, 2007, p. 20-21.

P. 153: Idem, capa.

P. 154: VILELA, Fernando. *Lampião & Lancelote*. São Paulo: Cosac Naify, 2006, s/n.

P. 155: Idem, s/n.

P. 156-157: CABAUD, Jean-Baptiste; Bernard, Fred. *O menino, a guerra e a bola*. Tradução de Mônica Stahel. São Paulo: Martins Fontes, 2009, p. 16-17.

P. 157: Idem, Capa.

P. 158: MORICONI, Renato. *O sonho que brotou*. São Paulo: Difusão Cultura do Livro, 2010, capa.

P. 159: Idem, s/n.

P. 161: SMITH, Lane. *É um livro*. Tradução de Júlia Moritz Schwarcz. São Paulo: Companhia das Letrinhas, 2010, capa.

Este livro foi composto com tipografia Bembo e impresso
em papel Off Set 75 g/m² na Formato Artes Gráficas.